Gesetzliche und private
Altersvorsorge

D1924496

Alles, was man
über

GESETZLICHE UND PRIVATE ALTERSVORSORGE

wissen muß

Detlev Rehahn
Helmut A. Reichel
Winfried Schöttler

Rechtsstand: 1. März 1997

FALKEN

Einführung

Seit den Bismarckschen Sozialgesetzen, also seit über 100 Jahren, gibt es die gesetzliche Rentenversicherung. Am 17. November 1881 kündigte Kaiser Wilhelm I. auf Drängen seines Kanzlers Bismarck Gesetze zur Sozialversicherung an. Grund hierfür war jedoch weniger ein ausgeprägtes soziales Interesse des Kanzlers oder des Kaisers, sondern vielmehr die Befürchtung, daß es zum Aufruhr unter den verarmten Massen kommen könnte. 1884 trat das erste Gesetz, das „Gesetz betreffend die Krankenversicherung der gewerblichen Arbeit", in Kraft. 1891 folgten dann das „Gesetz betreffend die Invalidität und Altersversorgung", das bis heute – natürlich in angepaßter Form – die stärkste Säule der Altersversorgung bildet.

Rentenversicherung

Während ihres Arbeitslebens leisten Arbeiter und Angestellte als Mitglieder der Rentenversicherung monatlich einen Beitrag zur Rentenversicherung, um dann im Alter versorgt zu sein. Dieser Beitrag der Arbeiter und Angestellten wird durch einen ebensohohen Beitrag des Arbeitgebers an die Rentenversicherung ergänzt. Dieses System funktioniert jedoch nicht so, daß die monatlichen Beiträge angespart werden und dann im Alter das Ersparte in monatlichen Teilbeträgen zurückbezahlt würde. Vielmehr werden die monatlich eingezahlten Gelder für die laufenden Rentenzahlungen verbraucht. Die Rente für diejenigen, die zur Zeit Beiträge entrichten, soll dann die nächste Generation aufbringen. In diesem Zusammenhang spricht man deshalb von einem „Generationenvertrag".

Generationenvertrag

Dieser Vertrag kann so lange eingehalten werden, wie die Zahl der Erwerbstätigen mit ihren Beiträgen die derzeitigen Rentner unterstützen können. In Zeiten wie heute, wo eine hohe Dauerarbeitslosigkeit herrscht und die Zahl der Rentner aufgrund gestiegener Lebenserwartung ständig zunimmt, reichen die eingezahlten Mittel nicht mehr aus, um die laufenden Rentenzahlungen zu decken: Die Zahl der Empfänger steigt, während die Zahl der Beitragszahler sinkt. Deshalb werden immer wieder Überlegungen angestellt, die monatlichen Beiträge zu erhöhen.

1997 beträgt der Beitragssatz 20,3 % vom Bruttoeinkommen. Die Löcher im Haushalt der Rentenkassen erzwingen diese Überschreitung der 20 %-Grenze.

Rentenhöhe

Nach 45 Arbeitsjahren erhalten Versicherte derzeit etwa 70 % ihres durchschnittlichen Nettoeinkommens. In der Praxis erreichen allerdings 50 % aller Männer und 95 % aller Frauen dieses Rentenniveau nicht, weil sie eine Lebensarbeitszeit von 45 Jahren nicht erreichen oder ihre Einkommen unter dem Durchschnitt liegen. Daß das

bestehende Rentenversicherungssystem reformiert und angepaßt werden muß, das wird mindestens einmal pro Woche in den Medien diskutiert und verbreitet.
Auch wenn Politiker immer wieder beteuern „Die Renten sind sicher", so kann das keine Garantie dafür sein, daß das auch dann noch gilt, wenn die Erwerbstätigen von heute ihre Renten morgen in Anspruch nehmen wollen.
Verfolgt man die Diskussionen über Einheitsrente, die Verlängerung der Arbeitszeit und weitere Vorschläge von Fachleuten und denen, die sich dafür halten, dann kommt man leicht zu der Schlußfolgerung, daß eine Rente als einzige Einnahmequelle im Alter keineswegs so kräftig sprudeln wird und daß sie nicht die einzige Existenzgrundlage bilden darf. Vielmehr bedarf das wahrscheinlich nur noch dünne Renten-Rinnsal einer kräftigen Belebung durch andere finanzielle Quellen.

Rente als Existenzgrundlage

Die Altersversorgung der Beamten ist anders als bei Arbeitnehmern organisiert. Beamte erhalten eine Pension, die der Staat oder der jeweilige Dienstherr aufbringen muß. Für ihre Pension müssen Beamte keine Beiträge entrichten. Dies ist nicht zuletzt der Grund dafür, daß sie im Verhältnis zu Angestellten ein geringeres Gehalt beziehen. Das Altersruhegeld der Beamten beläuft sich zur Zeit auf 75 % des letzten Einkommens.

Pension

Aber auch hier das gleiche düstere Bild: Die Zahllast überschreitet möglicherweise die finanziellen Möglichkeiten der öffentlichen Hand. Die jährlichen Ausgaben für Beamtenpensionen des Bundes werden sich laut einer Studie von derzeit 10 Milliarden Mark auf 20 Milliarden Mark in der Zukunft verdoppeln. Diese zu befürchtende Kostenexplosion macht eine Reform der Versorgungsleistungen für Beamte über kurz oder lang erforderlich. Auch hier ist zu befürchten, daß die Pensionen im Endeffekt reduziert werden. Auch für Beamte wird deshalb eine Zusatzversorgung möglicherweise notwendig.
Neben der gesetzlichen Rentenversicherung für Arbeiter und Angestellte und der Beamtenversorgung bestehen noch weitere Pflichtsysteme, nämlich die Altershilfe für Landwirte und die berufsständischen Versorgungswerke für die Angehörigen der freien Berufe, die zu einer Kammer gehören (wie z. B. Ärztekammer).

Pflichtsysteme

Die sogenannten Pflichtsysteme bilden die erste Säule der Altersversorgung.
Die zweite Säule der Altersversorgung in Deutschland besteht im wesentlichen aus der betrieblichen Altersversorgung in

der Privatwirtschaft und aus der Zusatzversorgung der Arbeiter und Angestellten des öffentlichen Dienstes.
Die dritte Säule bilden alle Formen privater Vermögensbildung, die der Altersvorsorge dienen. Die verschiedenen Möglichkeiten zur Vermögensbildung und zur Altersvorsorge sind nicht sauber voneinander zu trennen.

Noch offen: die Ergebnisse der Rentenreform

Die aktuelle Diskussion um die Reform der Rentenversicherung und die verschiedenen Modelle, die derzeit diskutiert werden, lassen konkrete Aussagen über die Zukunft der Rentenkasse nicht zu. So wird gerade wieder erwogen, die sachfremden Leistungen über den Steuerhaushalt zu finanzieren, also die Rentenversicherungsträger von den entsprechenden Zahlungsverpflichtungen zu entlasten. Die Rentenreformkommission hat vorgeschlagen, eine „Familienkasse" einzuführen, d. h. alle familienbezogenen Leistungen, wie z. B. die Anrechnung von Kindererziehungszeiten usw., sollen aus einem gesonderten, steuerfinanzierten Topf bezahlt werden. Diskutiert wird auch die Reduzierung des Rentenniveaus von derzeit 70 % des durchschnittlichen Nettolohns auf 64 %. Welchen Weg die Rentenversicherungsträger in Zukunft einschlagen werden, ist derzeit nicht vorhersehbar, eins ist jedoch klar: Der privaten Vorsorge muß ein noch größerer Stellenwert eingeräumt werden.
Eine durch die zu erwartende Reduzierung der Sozialleistungen notwendige persönliche Absicherung wird mit dem Begriff „Privatisierung sozialer Risiken" charakterisiert. Welche Möglichkeiten dem einzelnen offenstehen, das soll dieses Buch zeigen.
Das Zahlenmaterial basiert auf dem Stand von Statistiken für die Jahre 1993 bis 1995 und auf der Gesetzgebung vom Herbst 1996. Da Änderungen ständig vorgenommen werden (können), empfehlen wir Ihnen, bei kompetenten Auskunftsstellen nachzufragen.

Teil 1
Die gesetzliche Altersversorgung

Die Rentenversicherung

Die Beitragshöhe

Zwei alte Schulfreunde treffen sich zufällig in einer Kneipe. Manuel arbeitet als Geselle in einer Autospenglerei, Sven steht kurz vor seinem Examen an der Universität. Manuel beklagt sich darüber, daß er zwar einen relativ hohen Bruttolohn habe, daß ihm aber nach allen Abzügen nur so wenig übrigbleibe. Besonders die Rentenversicherung sei so teuer.
Sven beschließt daraufhin, gar nicht erst in die Rentenversicherung einzutreten.

In der Tat: Die Beiträge sind nicht gerade gering, die jeden Monat für die gesetzliche Rentenversicherung zu zahlen sind. Die Höhe des Beitrages errechnet sich nach einem bestimmten Prozentsatz der Bruttovergütung. Zur Zeit sind das 20,3 %. Von diesem Satz trägt der Arbeitgeber die eine Hälfte, die andere Hälfte zahlt der Arbeitgeber. Dies bedeutet: Ein Arbeitnehmer zahlt mehr als 10 % seines Brutto-Verdienstes an den Träger der gesetzlichen Rentenversicherung, und dieser Zahlungspflicht entgeht niemand, der in einem Arbeitsverhältnis steht. Jeder, der mit Lohnsteuerkarte arbeitet, wird Zwangsmitglied in der gesetzlichen Rentenversicherung.
Der Beitragssatz von zur Zeit 20,3 % gilt jedoch nicht uneingeschränkt. Für die Beiträge zur gesetzlichen Rentenversicherung existiert eine sogenannte Beitragsbemessungsgrenze (BBG). Sie liegt in den alten Bundesländern bei einem Jahreseinkommen von DM 98 400,00 oder einem Monatsgehalt von DM 8 200,00 und in den neuen Bundesländern bei DM 85 200,00 jährlich oder DM 7 100,00 monatlich. Nur bis zu dieser Grenze errechnen sich die 20,3 %; wer mehr erhält, kann nicht mehr bezahlen (und erhält auch keine höhere Rente). Der Höchstbeitrag zur gesetzlichen Rentenversicherung liegt bei DM 1 664,60 in den alten und DM 1 441,30 in den neuen Bundesländern. Der über DM 8 200,00 bzw. DM 7 100,00 hinaus-

Beitragsbemessungsgrenze

desversicherungsanstalt für Angestellte und an die Krankenkasse, bei der der Künstler/Publizist versichert ist.
Die Leistungen aus den Versicherungen erbringt nicht die Künstlersozialkasse, sondern der jeweilige Versorgungsträger. Das ist für den Bereich Rentenversicherung die Bundesversicherungsanstalt für Angestellte, für die Krankenversicherung die Ortskrankenkasse oder die gewählte Ersatzkasse.
Künstler/Publizisten, die unter das Künstlersozialversicherungsgesetz fallen, zahlen – wie Arbeiter und Angestellte – nur den halben Beitragssatz. Sie haben keinen bestimmten, sondern je nach Engagement wechselnde Arbeitgeber, die wiederum Beiträge an die Künstlersozialkasse leisten und zusammen mit dem Bund die andere Hälfte des Beitrages aufbringen.

Manuel beschließt nun, die Meisterprüfung abzulegen. Dann kann er sich als Handwerker selbständig machen.

Selbständige und Rentenversicherung

Dies wäre möglicherweise ein Ausweg aus der Rentenversicherungspflicht, denn Selbständige – Rechtsanwälte, Ärzte, Architekten, Handelsvertreter, EDV-Berater, Geschäftsinhaber z. B. – unterliegen nicht der Versicherungspflicht in der gesetzlichen Rentenversicherung. Für diese Personen besteht jedoch die Möglichkeit, auf Antrag freiwillig Mitglied zu werden. Selbständige, die den freien Berufen zuzuordnen sind – Ärzte, Rechtsanwälte, Architekten, Notare, Ingenieure, Steuerberater usw. –, sind ebenfalls von der Mitgliedschaft in der gesetzlichen Rentenversicherung befreit, jedoch meistens verpflichtet, entsprechende Beiträge in eigene berufsständische Versorgungswerke zu entrichten.
Wer nicht nur vorübergehend selbständig ist, der kann sich auf Antrag auch pflichtversichern lassen. Der Antrag muß jedoch innerhalb von fünf Jahren nach Aufnahme der selbständigen Tätigkeit gestellt werden; bereits gezahlte Beiträge gelten dann als Pflichtbeiträge. Als Pflichtversicherter sind dann die gesetzlichen Regelbeiträge monatlich zu zahlen. 1996 betrug der Regelbeitrag monatlich DM 792,96 in den alten und DM 672,00 in den neuen Bundesländern. Dieser Regelbeitrag entspricht einem monatlichen Einkommen von DM 4 130,00 bzw. DM 3 500,00. Wenn das Einkommen höher oder niedriger liegt, können auch Beiträge gezahlt werden, die am Einkommen orientiert sind. Das Einkommen wird dem Rentenversicherungsträger dann durch Einkommenssteuerbescheide oder eine Bescheinigung des Finanzamtes nachgewiesen. In der Startphase der Selbständigkeit kann man beantragen, für das erste

und für die drei darauffolgenden Kalenderjahre nur die Hälfte des Regelbeitrages zahlen zu müssen.

Tätigkeit im Ausland

Felix arbeitet in einer Firma, die auch im Ausland tätig ist. Ihm wird angeboten, in einer Filiale im Ausland zu arbeiten; die Vergütung soll auf gleicher Höhe weitergezahlt werden. Sein Chef meint aber, daß im Endeffekt mehr dabei herausspränge, denn Felix müsse ja keine Beiträge zur gesetzlichen Rentenversicherung entrichten.

Arbeitnehmer, die außerhalb der Bundesrepublik Deutschland beschäftigt sind, unterliegen unter Umständen den deutschen Rechtsvorschriften über die Versicherungspflicht.
Eine Voraussetzung dafür besteht, wenn das inländische Beschäftigungsverhältnis ins Ausland hinauswirkt: Wenn ein Arbeitnehmer, der in Deutschland angestellt ist, von seinem Arbeitgeber in das Ausland entsandt wird und diese Delegation so beschaffen ist, daß sie von der Sache her oder auch durch Vertrag auf eine bestimmte Dauer begrenzt ist.

Entsendung ins Ausland

Die Dauer der Entsendung muß überschaubar sein und bleiben. Beide Voraussetzungen – zeitliche Befristung und inländisches Arbeitsverhältnis (organisatorische Einbindung, Weisungsrecht, Lohn-/Gehaltszahlung) – müssen gleichzeitig erfüllt sein, damit man von einer „Entsendung" sprechen kann.

> Von einer Entsendung spricht man, wenn ein Arbeitnehmer auf Weisung eines inländischen Arbeitgebers im Ausland tätig ist, um dort für diesen Arbeitgeber zu arbeiten. Er bleibt weiterhin an das Weisungsrecht seines Arbeitgebers gebunden und erhält auch von ihm seinen Lohn oder sein Gehalt.

Wird ein Arbeitnehmer bei der Tochterfirma eines inländischen Arbeitgebers tätig und gestaltet dann die ausländische Tochterfirma den Arbeitsablauf tatsächlich und auch in weisungsrechtlicher Hinsicht, dann tritt das inländische Arbeitsverhältnis „in den Hintergrund" und man spricht nicht mehr von einer Entsendung.
Wenn der Arbeitnehmer im Inland eigens für die Arbeit im Ausland eingestellt wurde und im Inland bei diesem Arbeitgeber noch nicht beschäftigt war, dann gilt er in seiner neuen Arbeitssituation auch als „entsandt". Dies gilt natürlich auch für Arbeitnehmer – Schüler oder Studenten z. B. –, die vor ihrer Entsendung im Inland noch nicht erwerbstätig waren.

Wer allerdings im Ausland lebt und von dort aus für einen inländischen Arbeitgeber arbeitet, der gilt nicht als entsandt.

„Ausstrahlung", „Einstrahlung"

Neben dem Grundsatz der „Ausstrahlung" – und damit verbunden der Entsendung ins Ausland – gibt es den der „Einstrahlung". Eine Beschäftigung im Inland ist dann nicht versicherungspflichtig in der deutschen Sozialversicherung, wenn es sich um eine Entsendung im Rahmen eines ausländischen Beschäftigungsverhältnisses handelt und die Entsendung zeitlich begrenzt ist.

Europäische Union

Die Diskussion über eine „Entsendung" oder nicht wird nicht geführt, wenn ein inländisches Beschäftigungsverhältnis in einem ausländischen Mitgliedsstaat der EU ausgeübt wird. Das gleiche trifft zu, wenn ein Arbeitnehmer in einen ausländischen Staat entsandt wird, mit dem die Bundesrepublik Deutschland ein Sozialversicherungs-Abkommen abgeschlossen hat, das auch die Rentenversicherungspflicht regelt.

Ein Bulgare ist von einem ungarischen Unternehmen für eine befristete Dauer nach Deutschland entsandt worden, ein Türke von einem türkischen Unternehmen.

Der bulgarische Arbeitnehmer unterliegt nicht deutschem Sozialversicherungsrecht. Für die Entsendung des Türken gelten die Regelungen, die im deutsch-türkischen Abkommen über soziale Sicherheit getroffen wurden.

Yehudi und Perani werden von einem indischen Unternehmen befristet zu einem Filialunternehmen nach Deutschland entsandt. Yehudi ist weiterhin für seine indische Firma tätig und erhält auch von dort sein Gehalt. Nur ein Teil des Gehaltes wird zu Lasten der indischen Firma von der deutschen Filiale ausgezahlt. Perani erhält sein Gehalt ausschließlich von der deutschen Filiale, die es mit der indischen Firma nicht verrechnet.

Da es sich bei Yehudis Gehalt eigentlich nicht um eine Lohnzahlung der Filiale, sondern um einen finanztechnischen Vorgang handelt, wird die Lohnbuchhaltung der Filiale mit Yehudis Gehalt nichts zu tun haben. Da es sich in diesem Fall um eine sogenannte „Einstrahlungsentsendung" handelt, ist Yehudi nicht sozialversicherungspflichtig.

Perani dagegen ist nicht im Sinne einer „Einstrahlung" nach Deutschland entsandt worden und unterliegt deshalb dem deutschen Sozialversicherungsrecht. Er muß seinen Beitrag zur gesetzlichen Rentenversicherung leisten.

Pflichtversicherung auf Antrag

Auf Antrag kann auch für Arbeitgeber, die im Ausland tätig sind, eine Pflichtversicherung abgeschlossen werden. Der Antrag muß im Inland für einen oder eine Deutsche gestellt werden, die für eine begrenzte Zeit im Ausland tätig ist. Es gibt hier allerdings eine Reihe von Ausnahmen zu beachten, weil eine Tätigkeit in bestimmten Staaten der EU und in anderen Staaten auf andere Weise sozial abgesichert ist. Antragsberechtigt sind zum Beispiel Wirtschaftsunternehmen und alle sonstigen Arbeitgeber sowie nicht erwerbswirtschaftlich orientierte Stellen außerhalb der Entwicklungshilfe, wie z. B. Umweltorganisationen, Friedensdienst oder sonstige mit humanitären Aufgaben befaßten Einrichtungen. Nicht antragsberechtigt sind Privatpersonen, z. B. der Vater für seinen im Ausland beschäftigten Sohn.

Freiwillige Versicherung

Deutsche im In- und Ausland und Ausländer, die sich nachweisbar nicht nur vorübergehend in Deutschland aufhalten, können freiwillig der gesetzlichen Rentenversicherung beitreten und Beiträge entrichten, wenn sie das 16. Lebensjahr vollendet haben.
Für bestimmte Personengruppen ist der freiwillige Beitritt nur dann möglich, wenn bereits fünf Jahre lang eine versicherungspflichtige Tätigkeit ausgeübt und damit die sogenannte allgemeine Wartezeit erfüllt wurde. Dies gilt insbesondere für Beamte, Richter, Beamte im Ruhestand usw. Angestellte und Selbständige, die einer berufsständischen Versorgungseinrichtung angehören, müssen prüfen, ob eine freiwillige Versicherung möglich ist und dazu Auskünfte bei der Bundesversicherungsanstalt für Angestellte oder der zuständigen Landesversicherungsanstalt einholen.

Monatsbeitrag

Bei einem freiwilligen Beitritt liegt der monatliche Beitrag seit Anfang 1997 bei mindestens DM 123,83 und höchstens bei DM 1 664,60. Dabei gilt, daß die spätere Rente um so höher ausfällt, je höher die Beiträge waren. Deshalb muß jeder für sich entscheiden, ob sich eine freiwillige Versicherung lohnt. Wer ein Jahr lang seinen Mindestbeitrag einzahlt, der erhält dafür eine monatliche Rente in Höhe von DM 6,46; wer den Höchstbeitrag zahlt, DM 87,66.

Beitragsmonate

Es besteht allerdings keine Verpflichtung, jährlich eine bestimmte Zahl von Beiträgen zu leisten. Wer sich freiwillig versichert, kann selbst bestimmen, in welchen Monaten er zahlt. Beitragslücken wirken sich jedoch nachteilig aus. Deshalb empfiehlt es sich, regelmäßig jeden Monat seinen Beitrag zur Rentenversicherung zu zahlen.

Wer ein regelmäßiges Einkommen hat und im Alter auf eine Rente kommen will, die der eines Arbeiters oder Angestellten entspricht, muß natürlich auch dementsprechende Beiträge vom Bruttoeinkommen leisten. Das bedeutet für 1997: 20,3 % vom Bruttoeinkommen. Da ein Arbeitgeber in diesen Fällen nicht die Hälfte des Beitrags übernimmt, geht monatlich mehr als ein Fünftel des Arbeitseinkommens an die Rentenversicherung. Auch hier gilt die Beitragsbemessungsgrenze mit dem höchstmöglichen Monatsbeitrag.

Nachzahlung

Freiwillige Beiträge können nur bis zum 31. März des Folgejahres nachentrichtet werden. Unter bestimmten Voraussetzungen können jedoch besonders schutzbedürftige Personengruppen – z. B. Vertriebene oder Flüchtlinge – auf Antrag ihre Beiträge auch nach diesem Stichtag nachzahlen.

Deutsche im Ausland

Freiwillig versichern können sich auch Deutsche im Ausland, die nicht nur vorübergehend dort leben. Die Versicherungspflicht in der Rentenversicherung eines ausländischen Staates steht der freiwilligen Versicherung in der deutschen Rentenversicherung nicht entgegen. Die Zahlung freiwilliger Beiträge ist jedoch dann nicht mehr möglich, wenn bereits eine Alters-Vollrente von der deutschen Rentenversicherung bewilligt wurde. Aber der Bezug einer Altersrente eines ausländischen Versicherungsträgers steht einer freiwilligen Versicherung in der deutschen Rentenversicherung nicht entgegen. Ausländer und andere Personen, die nicht Deutsche (Staatenlose, heimatlose Ausländer und andere) sind, sind nur dann zur freiwilligen Versicherung berechtigt, wenn eine Rechtsvorschrift des deutschen Rentenversicherungsträgers dies ermöglicht oder über- bzw. zwischenstaatliches Recht, z. B. ein Sozialversicherungs-Abkommen, die freiwillige Versicherung ausdrücklich zuläßt.

Ob eine freiwillige Versicherung wirklich sinnvoll ist, kann nur am konkreten Einzelfall beurteilt werden. Grundsätzlich kann man jedoch sagen, daß freiwillige Beiträge nur dann entrichtet werden sollten, wenn schon erhebliche Anwartschaften in der gesetzlichen Rentenversicherung erworben wurden, wenn also bereits viele Jahre lang Pflichtbeiträge gezahlt worden sind.

Ist also der Weg bis zum Erreichen des Ruhestands noch weit, dann sind freiwillige Beiträge zur gesetzlichen Rentenversicherung sicherlich keine sinnvolle Anlage.

Die Träger der gesetzlichen Rentenversicherung

Organisation

Sven, der Student, fragt Manuel, den Handwerker, an wen er denn das ganze Geld monatlich bezahle? Als Sven hört, daß die Beiträge an die Landesversicherungsanstalt gehen, wundert er sich. Svens Vater zahlt seine Beiträge an die Bundesversicherungsanstalt für Angestellte (BfA).

Für Arbeiter sind die Träger der gesetzlichen Rentenversicherungen die Landesversicherungsanstalten (LVA), die Seekasse und die Bahnversicherungsanstalt. ***LVA***

Für die Rentenversicherung der Angestellten ist die Bundesversicherungsanstalt für Angestellte (BfA) zuständig. ***BfA***

Bergleute und Mitarbeiter von Betrieben, in denen Mineralien oder ähnliche Stoffe bergmännisch gewonnen werden, zahlen ihre Beiträge an die Bundesknappschaft (BKn). ***BKn***

Manuel und Sven rechnen sich aus, daß die Rentenversicherungsträger mit Milliarden umgehen, und sie fragen sich, ob denn die ordentliche Verwendung der Gelder auch kontrolliert wird.

Nicht nur die Träger der gesetzlichen Rentenversicherung, sondern alle Sozialversicherungsträger (Krankenversicherung, Berufsgenossenschaften usw.) sind sogenannte rechtsfähige Körperschaften des öffentlichen Rechts mit Selbstverwaltung.

Verband der Rentenversicherungsträger

Schon 1919 haben sich alle Träger der gesetzlichen Rentenversicherung freiwillig zu einem Verband zusammengeschlossen, der seinen Sitz in Frankfurt am Main hat: Verband der deutschen Rentenversicherungsträger. Dieser Verband berät und unterrichtet seine Mitglieder, bietet Fort- und Weiterbildung an und berät politische Institutionen bei Gesetzesvorhaben. In der vom Verband verwalteten „Datenstelle der deutschen Rentenversicherung" in Würzburg werden alle Stammdatensätze der Versicherten geführt. Um zu verhindern, daß Versicherungsnummern doppelt vergeben werden, stellt diese Datenstelle Querverbindungen zwischen den Versicherungsträgern her.

Versicherungsnummer

Die Versicherungsnummer vergibt der Versicherungsträger, der auch das Versicherungskonto führt. Versicherungsnummer und Versicherungsträger stehen im Sozialversicherungsnachweisheft.

Jede Versicherungsnummer besteht aus einer Kombination von Ziffern und Buchstaben:

54	Bereichsnummer der Vergabeanstalt
010551	Geburtsdatum des Versicherten: 1. Mai 1951
D	Anfangsbuchstabe des Geburtsnamens
21	Seriennummer 21: der 21. Versicherte, dessen Geburtsname mit D beginnt und der am 1. Mai 1951 geboren wurde.
8	Prüfziffer

Die Versicherungsnummer lautet dann 54 010551 D 218

Selbstverwaltung

Nicht nur der Verband deutscher Rentenversicherungsträger, auch alle anderen Sozialversicherungsträger sind selbstverwaltete Körperschaften. Das bedeutet: Die Mitglieder verwalten sich selbst, und es sind ehrenamtliche Vertreter der Versicherten und der Arbeitgeber, die als Vertreterversammlung den Vorstand wählen. Der Vorstand wählt dann den Geschäftsführer und seinen Stellvertreter.

Die Rentenversicherungsträger organisieren das, was zur Erfüllung ihrer Aufgaben notwendig ist, in Selbstverwaltung. Die Vertreterversammlung beschließt die Satzung, stellt den Haushalt fest und schließt die Jahresrechnung ab, sie erteilt dem Vorstand Entlastung für seine Arbeit und wählt die Mitglieder des Vorstandes und der Geschäftsführung. Gerichtlich und außergerichtlich vertreten wird

Vorstand

ein Rentenversicherungsträger von seinem Vorstand, der als zentrales Verwaltungsorgan den Haushaltsplan entwirft, die Jahresrechnung prüft und das Vermögen anlegt. Der Vorstand schlägt der Vertreterversammlung den Geschäftsführer vor, der Mitglied des Vorstandes und für die laufenden Geschäfte zuständig ist. Der

Geschäftsführer

Geschäftsführer wird von der Vertreterversammlung gewählt. Alle sechs Jahre finden diese Wahlen statt. Die Kandidaten werden von den Gewerkschaften, von den Arbeitnehmervereinigungen und den Arbeitgebervereinigungen aufgestellt.

Versicherungsälteste

Von den Gewerkschaften und anderen Arbeitnehmervereinigungen werden außerdem Versicherungsälteste vorgeschlagen und von der Vertreterversammlung gewählt. Die Versicherungsältesten beraten Versicherte und Rentner ehrenamtlich, helfen beim Ausfüllen der nicht immer leicht verständlichen Antragsformulare für die Rente, nehmen die Anträge auch entgegen und leiten sie an den Versicherungsträger weiter.

Die Rentenversicherungsträger unterliegen der Rechtsaufsicht des Bundesversicherungsamtes in Berlin oder der jeweiligen Landesministerien. Die Beiträge der Versicherten dürfen nur für den gesetzlich vorgeschriebenen Zweck verwendet werden. Das wird kontrolliert.

Verwendung der Mittel

Sven glaubt nicht, daß die Beiträge nur für die gesetzlich festgelegten Aufgaben verwendet würden. Immer wieder habe er in den Nachrichten gehört und in der Zeitung gelesen, daß die Versicherungen auch „sachfremde“ Leistungen erbringen würden.

Zuschüsse

Die Kassen der Rentenversicherer sind nicht zuletzt deshalb so leer, weil sie nicht nur für die Alters- und Hinterbliebenenversorgung aufkommen, sondern auch z. B. für Kriegsfolgelasten, für Zuschüsse zur Krankenversicherung der Rentner und für vorgezogene Altersrenten. Letztlich machen diese Leistungen 31,5 % des Gesamtaufkommens aus. 1995 wurden nach Auskunft des Vorstands der Rentenkassen in Berlin allein 90 Millionen Mark für „sachfremde“ Leistungen ausgegeben, d. h. für Zahlungen, die nicht zu den eigentlichen Aufgaben einer Rentenversicherung gehören und für die auch keine Beiträge eingezahlt worden sind.

Bewertung von Anrechnungszeiten

Hinzu kommt, daß Hochschulabsolventen für eine bestimmte Zeit ihres Studiums so gestellt werden, als hätten sie Beiträge zur Rentenversicherung gezahlt. Dann werden auch andere Anrechnungszeiten höher bewertet: Berufsausbildung, Rentenzeiten nach Mindesteinkommen für Kleinstverdiener. Hierfür werden erhebliche Beträge benötigt. Zwar erhalten die Rentenversicherungsträger zum Ausgleich einen Zuschuß des Bundes. Der deckt jedoch das Volumen an notwendigen sachfremden Leistungen nicht ab. Man schätzt, daß die Rentenbeiträge um 2 % niedriger angesetzt werden könnten, wenn der Bundeszuschuß die tatsächlichen Ausgaben decken würde.

Leistungen bei Versorgungsfällen

Rentenarten

Die gesetzlichen Rentenversicherungen zahlen im wesentlichen folgende Renten:
- Altersrente
- Berufs- und Erwerbsunfähigkeitsrente
- Rente wegen Todes/Rente an Hinterbliebene
- Witwen- und Waisenrente
- Erziehungsrente

Altersrente

Rentenversicherte, die das 65. Lebensjahr vollendet und die sogenannte allgemeine Wartezeit erfüllt haben, erhalten (Regel-)Altersrente. Sie dürfen dann unbeschränkt hinzuverdienen.

Frauen, die vor dem 30.11.1944 geboren wurden, haben Anspruch auf Altersrente, wenn sie das 60. Lebensjahr vollendet haben und nach ihrem 40. Lebensjahr mehr als 10 Jahre lang Pflichtbeiträge entrichtet und eine Wartezeit von 15 Jahren erfüllt haben. Bei dieser Altersrente gilt die Hinzuverdienstbeschränkung.

Hinzuverdienstbeschränkung

Bergleute, die lange Zeit unter Tage gearbeitet haben, können mit Vollendung ihres 60. Lebensjahres in Rente gehen. Sie müssen eine Wartezeit von 25 Jahren erfüllen. Es gilt eine Hinzuverdienstbeschränkung.

Eine Altersrente für langjährig Versicherte ist daran geknüpft, daß das 63. Lebensjahr vollendet wurde und eine Wartezeit von 35 Jahren erfüllt wird. Für nach dem 30.11.1938 Geborene wurde die Altersgrenze angehoben. Einkünfte aus abhängiger Beschäftigung und selbständiger Tätigkeit, die eine bestimmte Grenze überschreiten, werden in diesem Rentenfall angerechnet.

Monatliche Bezugsgröße

Die Hinzuverdienstgrenze wird mit einem Siebtel der „monatlichen Bezugsgröße“ angesetzt, die 1997 monatlich bei DM 610,00 in den alten und bei DM 520,00 in den neuen Bundesländern lag. Die „monatliche Bezugsgröße“ wird jedes Jahr neu festgelegt.

Auf die Rente werden Zahlungen nicht angerechnet, die nach dem Ende einer Beschäftigung geleistet werden – zum Beispiel Entlassungsabfindungen, Urlaubsabgeltungen, Betriebsrenten, beamtenrechtliche Pensionen –, oder Einkünfte aus Vermögen und Einkünfte aus Vermietung und Verpachtung, sofern sie nicht einen Teil des Gewinns aus einer selbständigen Tätigkeit darstellen.

Schwerbehinderte, Berufs- und Erwerbsunfähige können bereits mit Vollendung des 60. Lebensjahres und nach einer Wartezeit von 35 Jahren eine Altersrente beziehen. Auch für diese Rente gilt die Hinzuverdienstbeschränkung, die bei Berufsunfähigkeit individuell festgesetzt wird.
Arbeitslose, die vor dem 30.11.1941 geboren wurden, haben einen Anspruch auf Altersrente, wenn sie das 60. Lebensjahr vollendet haben und während der letzten 18 Monate vor Beginn der Rente insgesamt 52 Wochen arbeitslos waren oder – als Bergleute – ein Anpassungsgeld bezogen haben. Sie müssen eine Wartezeit von 15 Jahren erfüllt haben und in den letzten zehn Jahren vor Rentenbeginn insgesamt acht Jahre ihre Pflichtbeiträge entrichtet haben. Auch hier gilt die Hinzuverdienstbeschränkung.

Rentenreformgesetz

Mit dem Rentenreformgesetz von 1992 sollen die Auswirkungen aufgefangen werden, die aus dem veränderten Altersaufbau der Bevölkerung resultieren. Dies bedeutet insbesondere eine Verlängerung der Lebensarbeitszeit. Durch eine Verlängerung der Lebensarbeitszeit zahlt jeder Erwerbstätige länger Beiträge ein und bezieht später Rente. Diese Verlängerung der Lebensarbeitszeit erreicht der Gesetzgeber dadurch, daß er die Altersgrenze schrittweise von 60 Jahren über 63 Jahren bis zur Regelaltersgrenze von 65 Jahren anhebt.

Verlängerung der Lebensarbeitszeit

Sparpaket

Mit dem sogenannten „Sparpaket“ der Bundesregierung vom Herbst 1996 beginnt im Januar 2000 die stufenweise Anhebung der Altersgrenze für Frauen von 60 auf 65 Jahre. Die Anhebung ist 2004 abgeschlossen. Frauen, die nach 1939 geboren wurden, sind davon betroffen. Abweichend vom Rentenreformgesetz aus dem Jahre 1992 wird die Altersgrenze für Frauen, die 1940 geboren wurden, vorzeitig angehoben. Für Frauen, die vor dem 7. Mai 1941 geboren wurden, besteht ein sogenannter Vertrauensschutz: Wenn sie am 7. Mai 1996 arbeitslos waren und zu diesem Zeitpunkt bereits das Arbeitsende festgelegt worden war, dann erhalten sie ihre Altersrente, wenn sie das 60. Lebensjahr vollendet haben.

Altersgrenze

Langjährig Versicherte, die nach dem 31. Dezember 1936 geboren wurden, erreichen ihr Rentenalter nun erst mit 65 Jahren und nicht mehr schon mit 63 Jahren. Davon betroffen sind auch Arbeitslose. Wer mindestens 55 Jahre alt ist, kann seine Arbeitszeit verkürzen auf mindestens 18 Stunden wöchentlich und dafür (bis zum Regel-Rentenalter 65 Jahre) eine Teilzeitrente beziehen.

Von 2002 an gilt für Männer und Frauen, langjährig Versicherte und Arbeitslose die Altersgrenze von 65 Jahren. Unverändert bei 60 Jahren liegt dann das Rentenalter für Schwerbehinderte, Berufs- und Erwerbsunfähige und Bergleute.

Anrechnungszeiten

Ebenfalls vom „Sparpaket" betroffen sind Anrechnungszeiten. Bisher wurde die schulische Ausbildungszeit mit sieben Jahren angerechnet. Dann sind es nur noch drei Jahre. Generell beginnt die Anrechnungsmöglichkeit erst mit dem vollendeten 17. Lebensjahr. Die ersten Berufsjahre werden nun für den Rentenanspruch anders angerechnet. Bisher wurden die ersten 48 Pflichtbeiträge bis zum 25. Lebensjahr aufgewertet auf 90 % des Durchschnittsverdienstes. Die neue Regelung sieht nun nur noch eine Anhebung bis zu 75 % für 36 Monate vor.
Beitragsfreie Zeiten, in denen der Versicherte krank oder arbeitslos war und keine Sozialleistung wie Krankengeld oder Arbeitslosenhilfe bezogen hat, wurden früher angerechnet. Diese Zeiten werden in Zukunft nicht mehr angerechnet.

Zwei Arbeitskollegen diskutieren die vorgesehene Anhebung der Altersgrenze. Walter richtet sich darauf ein, daß er dann eben bis zu seinem 65. Lebensjahr arbeiten muß. Gerhard will aber auf jeden Fall so schnell wie möglich in Rente gehen.

Vorzeitige Altersrente

Es wird auch nach der Anhebung der Altersgrenze möglich sein, die Altersrente vorzeitig in Anspruch zu nehmen. Dafür, daß die Rente dann früher gezahlt und damit länger bezogen wird, vermindert sich die Rente. Die Differenz zum Rentenalter schlägt pro Jahr mit 3,6 % bzw. pro Monat mit 0,3 % Abzug zu Buche.
Wer es sich leisten kann, der wird jedoch trotz Kürzung Rente beziehen wollen. Bei einem Rentenanspruch von DM 1 500,00 würde, wenn die Rente um ein Jahr vorgezogen wird, die Rente um DM 54,00 gekürzt. Also bezieht der 64jährige Rentner monatlich DM 1 446,00. Bis zum 65. Geburtstag hat er also bereits 12mal DM 1 446,00, also DM 17 352,00 Rente erhalten. Diesen Mehrbetrag erreicht er bei voller Rente erst nach 322 Monaten. Trotz Kürzungen kann der Bezug vorzeitiger Rentenzahlungen also wirtschaftlich sinnvoll sein.

Ausgleich von Kürzungen

Kürzungen kann man durch die Zahlung von Sonderbeiträgen ausgleichen. 54jährige Versicherte haben einen Anspruch darauf zu erfahren, welche Beiträge sie leisten müssen, um eine Rentenminderung auszugleichen.

Vom Abzug wegen vorzeitiger Inanspruchnahme der Altersrente ist die sogenannte Teilrente zu unterscheiden.

Ein Arbeitnehmer möchte nur noch eine Teilzeitbeschäftigung ausüben. Zum Ausgleich für den entgangenen Lohn möchte er bereits vor seinem 65. Lebensjahr eine Altersrente beziehen.

Teilrente

Grundsätzlich kann jeder Arbeitnehmer in den alten Bundesländern seine Altersrente auch als Teilrente erhalten. Voraussetzung dafür ist, daß Teilarbeitsplätze vorhanden sind. Aus diesem Grund hat der Gesetzgeber bestimmt, daß Arbeitgeber die Möglichkeiten mit den Mitarbeitern erörtern müssen, falls diese wegen der beabsichtigten Inanspruchnahme einer Teilrente ihre Arbeitsleistung einschränken wollen. Die Inanspruchnahme einer Teilrente kann vorteilhaft sein, weil der Teilrentenbezieher nicht versicherungsfrei wird, sondern wie alle anderen Beschäftigten auch Beiträge zur gesetzlichen Rentenversicherung leisten muß. Die während des Teilrentenbezugs erworbenen Beitragszeiten können sich später bei Bezug einer Vollrente oder bei einer Hinterbliebenenrente durch höhere Versicherungsleistungen bemerkbar machen.

Es gibt verschiedene Teilrentenarten: ein Drittel, die Hälfte oder zwei Drittel der möglichen Vollrente. Die Teilrente errechnet sich dabei aus der Altersvollrente und richtet sich damit nach dem individuellen Lebensarbeitsentgelt des Versicherten.

Hat ein Versicherter in den alten Bundesländern beispielsweise eine Gesamtversicherungszeit von 45 Jahren vorzuweisen und das Durchschnittseinkommen aller Versicherten erreicht, dann würde seine Altersvollrente – am Stichtag 1. Juli 1995 – monatlich DM 2 080,35 betragen. Die Teilrentenbeträge lägen bei wahlweise DM 693,45 (ein Drittel Vollrente), DM 1 040,18 (halbe Vollrente) oder DM 1 386,90 (zwei Drittel Vollrente). Beim Bezug einer Teilrente muß die Höhe des zulässigen Hinzuverdienstes beachtet werden!

Berufs- und Erwerbsunfähigkeitsrente

Vor Vollendung des 65. Lebensjahres haben Versicherte einen Rentenanspruch wegen Berufsunfähigkeit oder – vor Erfüllung der Wartezeit, wenn die Erwerbsunfähigkeit wie bei Behinderungen dauerhaft ist – wegen Erwerbsunfähigkeit. Sie müssen dazu in den vergangenen fünf Jahren vor Eintritt der Berufsunfähigkeit oder

Erwerbsunfähigkeit die allgemeine Wartezeit erfüllt und vor Rentenbeginn eine pflichtversicherte Tätigkeit ausgeübt haben. 36 Monate lang müssen in den vergangenen 60 Monaten Beiträge in die Rentenversicherung eingezahlt worden sein oder die Berufsunfähigkeit muß durch einen Arbeitsunfall, durch Zivildienstbeschädigung oder Wehrdienstbeschädigung (bei Wehrdienstleistenden oder Soldaten auf Zeit) eingetreten sein.

Ein Arbeitnehmer ist bereits seit längerer Zeit arbeitslos und – obwohl nicht krankgeschrieben – ständig in ärztlicher Behandlung. Sein Hausarzt rät ihm, einen Rentenantrag zu stellen.

Berufsunfähigkeit

Ein Versicherter gilt dann als berufsunfähig, wenn er wegen einer Krankheit oder einer Behinderung weder in seinem Beruf noch in einem ihm zumutbaren Beruf nicht halb soviel zu leisten und zu verdienen vermag wie körperlich, geistig und seelisch gesunde Beschäftigte, die eine ähnliche Ausbildung vorweisen können und über gleichwertige Kenntnisse und Fähigkeiten verfügen.

> Eine Berufsunfähigkeitsrente schützt also einen Arbeitnehmer, der wegen Krankheit oder Behinderung nicht mehr die Hälfte leisten und auch verdienen kann wie ein gesunder Arbeitnehmer. Diese Rente ersetzt nicht vollständig das Einkommen, sondern sie gleicht die gesundheitlich bedingte Minderung des Einkommens aus.

Maßgebliche Tätigkeit

Als der bisherige Beruf zählt die Tätigkeit, die ein Arbeitnehmer auf Dauer ausgeübt hat und die er bis zum Erreichen der Altersgrenze ausgeübt hätte, wäre er nicht krank geworden. Beschäftigungen, die vor Eintritt oder nach dem Ausscheiden aus der Pflichtversicherung ausgeübt worden sind – alle versicherungsfreien oder nicht versicherungspflichtigen Beschäftigungen –, werden nicht berücksichtigt. Es ist auch unerheblich, wie lange die versicherungspflichtige Beschäftigung zurückliegt, auch wenn daraus ein Verlust von Kenntnissen und Fähigkeiten und eine Entfremdung vom Beruf resultiert.

Das bedeutet, daß bei Selbständigen mit vorangegangener Pflichtversicherungszeit, die ihren Berufsunfähigkeitsschutz mit freiwilligen Beiträgen aufrechterhalten haben, die zuletzt ausgeübte Tätigkeit mit freiwilliger Beitragszahlung keinen Einfluß auf die Beurteilung der Berufsunfähigkeit hat.

Bei ausschließlich freiwillig Versicherten ist der bisherige Beruf von der während der Beitragszahlung ausgeübten Tätigkeit abhängig, sofern die Höhe der Beiträge dieser Tätigkeit entspricht. Eine Deckung zwischen Beitragsleistung und Art der Tätigkeit ist daher erforderlich. Bei der Festlegung der monatlichen Beiträge ist also der Versicherungsträger genau über die ausgeübte Tätigkeit zu informieren, damit die Beiträge zutreffend festgesetzt werden können. Durch niedrige Beiträge kann der an der selbständigen Tätigkeit orientierte Berufsschutz weder begründet noch erhalten werden, andererseits kann durch höhere Beiträge auch kein höherer Berufsschutz erkauft werden.

Verweisungsmöglichkeit

Die Beurteilung der Berufsunfähigkeit wird dann davon abhängig gemacht, ob eine andere Tätigkeit, auf die der Versicherte verwiesen wird, ausgeübt werden kann. Auch ein beruflicher Abstieg oder – bei Selbständigen – eine Tätigkeit als Arbeiter bzw. Angestellter muß der Versicherte dabei in Kauf nehmen. Ob eine neue Tätigkeit im Einzelfall zumutbar ist, hängt von der beruflichen Qualifikation ab.

Rehabilitation, Umschulung

Eine neue Tätigkeit, die durch berufliche Rehabilitation oder Umschulung möglich wird, gilt bei einer Berufsunfähigkeit im alten Beruf als zumutbar, auch dann, wenn die Ausbildung zum neuen Beruf kürzer angesetzt und weniger qualifiziert ist.
Versicherte, die aus gesundheitlichen Gründen nur noch Teilzeitarbeit leisten können, werden nicht auf eine neue Tätigkeit verwiesen. Das Arbeitsamt muß innerhalb eines Jahres einen entsprechenden Arbeitsplatz anbieten.

> Eine Berufsunfähigkeitsrente ist also eine Rente auf Zeit, die nur so lange gezahlt wird, bis Heilungs- und Behandlungsmaßnahmen oder eine Umschulung so weit Erfolg hatten, daß der für seinen alten Beruf Berufsunfähige wieder ins Berufsleben zurückkehren kann.

Arbeitsunfall

Eine Berufsunfähigkeitsrente setzt die Erfüllung der allgemeinen Wartezeit von fünf Jahren voraus. Wenn ein Versicherter z. B. durch einen Arbeitsunfall berufsunfähig wird, muß diese Wartezeit nicht erfüllt sein. Der Versicherte muß jedoch zum Zeitpunkt des Arbeitsunfalls einer versicherungspflichtigen Tätigkeit nachgehen oder in den letzten zwei Jahren vor dem Arbeitsunfall für mindestens ein Jahr Pflichtbeiträge gezahlt haben. Die Wartezeit ist auch dann erfüllt, wenn die Minderung der Erwerbsunfähigkeit vor Ablauf von sechs Jahren nach Beendigung einer Ausbildung eingetreten ist. In diesem Fall müssen für die letzten zwei Arbeitsjahre die Pflichtbeiträge gezahlt worden sein.

Ausbildung

Eine Erwerbsunfähigkeitsrente wird unter den gleichen Voraussetzungen wie eine Berufsunfähigkeitsrente gezahlt.

Erwerbsunfähigkeit

> Erwerbsunfähig ist ein Versicherter, wenn er nicht mehr regelmäßig oder wirtschaftlich nicht sinnvoll seiner Erwerbstätigkeit nachgehen kann, d. h., wenn er wegen Krankheit – deren Verlauf ungewiß ist – oder wegen Behinderung auf nicht absehbare Zeit nicht regelmäßig arbeiten und ein Arbeitsentgelt oder -einkommen erzielen wird, das ein Siebtel der monatlichen Bezugsgröße (1997: DM 610,00 in den alten, DM 520,00 in den neuen Bundesländern) nicht übersteigt.

Die Prüfung des Leistungsvermögens ist dabei nicht auf den alten Beruf beschränkt. Wie bei der Berufsunfähigkeit kann der Versicherte auf eine andere Tätigkeit verwiesen werden, die eventuell sogar mit einem sozialen Abstieg verbunden ist.

Selbständige Tätigkeit

Die Ausübung einer selbständigen Tätigkeit steht dem Anspruch auf Erwerbsunfähigkeitsrente immer entgegen. Voraussetzung für eine Erwerbsunfähigkeitsrente ist in diesem Fall die Aufgabe selbständiger Tätigkeit, d. h. der Verkauf des Betriebs und die Abmeldung im Gewerberegister. Erst dann besteht ein Anspruch auf Erwerbsunfähigkeitsrente. Allerdings kann ein Anspruch auf Berufsunfähigkeitsrente gegeben sein. Da er aber als Berufsunfähiger nicht erwerbsunfähig ist, kann er dann wiederum auf eine andere selbständige Erwerbstätigkeit verwiesen werden.

> Die Erwerbsunfähigkeitsrente stellt praktisch eine Art vorgezogener Altersrente dar. Sie wird genau wie eine Altersrente berechnet.

Ob ein Berufs- und Erwerbsfähigkeitsschutz gegeben ist oder nicht, kann nach dem Schema auf S. 29 festgestellt werden.

Behinderte

Für Eltern von Frühbehinderten, insbesondere von Geburt an Behinderten, ist folgendes wichtig:
Mit freiwilligen Beiträgen kann ein Anspruch auf Rente wegen Erwerbsunfähigkeit erreicht werden. Voraussetzung hierfür ist die Erfüllung einer Wartezeit von 20 Jahren. Nachdem eine freiwillige Versicherung jedoch erst mit 16 Jahren möglich ist, können also durch Beitragszahlung ab 16 Jahren Rentenansprüche mit Vollendung des 36. Lebensjahres entstehen.
Das Versäumnis von drei Jahren Pflichtbeitragszeiten innerhalb von fünf Jahren vor Antragstellung gilt in diesem Falle nicht.

Prüfschema zur Feststellung des Berufs- und Erwerbsunfähigkeitsschutzes

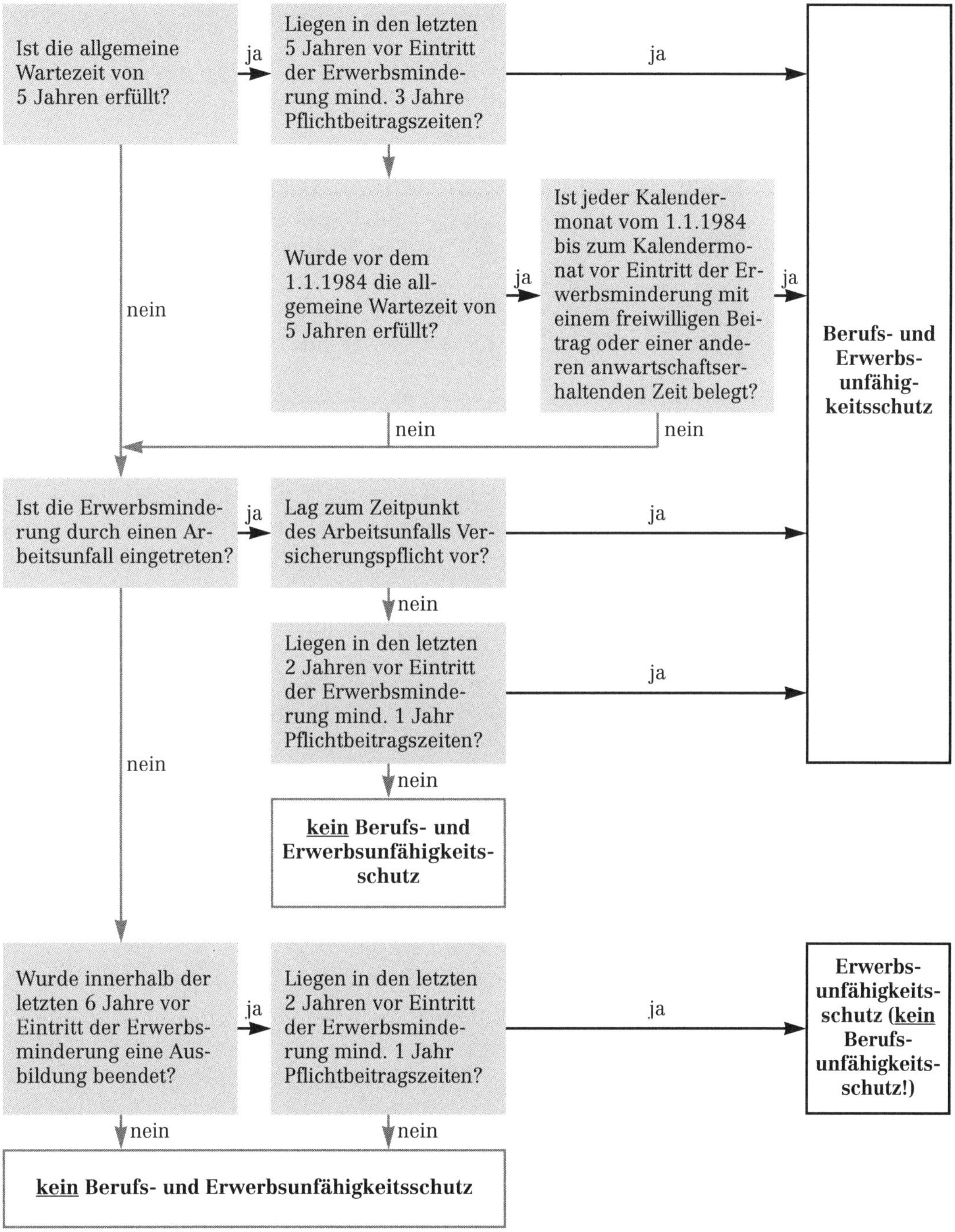

EXKURS

Anträge

Der Rentenantrag ist bei der zuständigen Stelle zu stellen.

Zuständigkeiten

Wenn zuletzt Beiträge zur Angestelltenversicherung gezahlt wurden, dann ist die Bundesversicherungsanstalt für Angestellte (BfA) zuständig.

Wenn zuletzt Beiträge zur Arbeiterrentenversicherung gezahlt wurden, dann ist die örtliche Landesversicherungsanstalt zuständig.

Wenn zuletzt Beiträge zur knappschaftlichen Rentenversicherung gezahlt wurden, dann ist die Verwaltungsstelle der Bundesknappschaft für die Bearbeitung des Rentenantrages zuständig.

Angestellte der Deutschen Bahn AG geben ihren Antrag bei der zuständigen Bezirksleitung der Bahnversicherungsanstalt ab. Die Seekasse in Hamburg ist für seemännische Angestellte oder Arbeiter zuständig.

Der Rentenantrag kann bei der BfA, bei den Auskunfts- und Beratungsstellen der BfA, bei den Versicherungsältesten, bei den Landratsämtern und kreisfreien Städten, bei Gemeindeverwaltungen und Knappschaften gestellt werden.

Antragsberechtigt sind die Versicherten selbst, ihre Bevollmächtigten und Betreuer.

Rechtsweg

Nach der Antragstellung entscheiden die entsprechenden Versicherungsträger – je nach Rentenart auch erst nach einer Untersuchung des Versicherten, bei Altersrenten ohne Untersuchung – dann in einem Verwaltungsakt über den Antrag.

Widerspruchsmöglichkeit

Erfahrungsgemäß decken sich die Untersuchungsergebnisse der Versicherungsträger nicht immer mit den Einschätzungen der behandelnden Ärzte. Es besteht deshalb die Möglichkeit, gegen den Bescheid der Rententräger Widerspruch einzulegen. Sollte dieser erfolglos bleiben, dann steht der Weg zu den Sozialgerichten offen.

Instanzen

Die Gerichte der Sozialgerichtsbarkeit sind zuständig bei Streitigkeiten über sozialrechtliche Ansprüche. Dazu zählen Ansprüche gegen die Träger der gesetzlichen Krankenversicherung, Rentenversicherung, Unfallversicherung, aber auch Ansprüche gegen das Arbeitsamt, Streitigkeiten um die Anerkennung als Schwerbehinderter usw.

Sozialgerichte

In der ersten Instanz entscheidet das Sozialgericht, in der zweiten Instanz das Landessozialgericht. Als letzte Instanz ist das Bundessozialgericht mit Sitz in Kassel zuständig.
Die Kammern der Sozialgerichte sind mit zwei ehrenamtlichen und einem Berufsrichter besetzt. Die ehrenamtlichen Richter stammen aus den Kreisen der Arbeitgeber und der Versicherten.
Beim Landessozialgericht sind Senate eingerichtet, die besetzt sind mit drei Berufsrichtern und zwei ehrenamtlichen Richtern. Das Landessozialgericht ist ebenso wie das Sozialgericht Tatsacheninstanz, d.h. es prüft die Sach- und Rechtslage.
Das Bundessozialgericht entscheidet ebenfalls durch Senate, denen drei Berufsrichter und zwei ehrenamtliche Richter angehören. Das Bundessozialgericht entscheidet den Streitfall allerdings nicht nach neuen tatsächlichen Feststellungen; es ist in diesem Fall an die Feststellungen des Landessozialgerichts gebunden. In der Revision wird ausschließlich die Anwendung der Rechtsnormen überprüft.

Klage

Das Verfahren vor den Sozialgerichten beginnt mit einer Klage, die im Regelfalle innerhalb eines Monats nach Zustellung des Widerspruchsbescheides schriftlich oder zur Niederschrift der Geschäftsstelle eingereicht werden muß. Die Klageschrift kann innerhalb der Frist auch bei jeder anderen inländischen Behörde, beim Versicherungsträger selbst oder bei einer deutschen Konsularbehörde eingereicht werden.

Kosten

Beispiel: Manuel hat einen Antrag auf Berufsunfähigkeitsrente gestellt, der abschlägig beschieden wurde. Auch der Widerspruch blieb erfolglos.
Manuel verfügt nicht über die erforderlichen Mittel, um einen Rechtsanwalt mit seiner Vertretung beauftragen zu können.
In der ersten und zweiten Instanz können die Beteiligten den Prozeß selbst führen, sich aber auch durch Bevollmächtigte vertreten lassen. Die Kosten für eine derartige Vertretung muß jeder Beteiligte zunächst selbst tragen. Das Gericht hat jedoch im Urteil oder auf Antrag zu entscheiden, ob und in welchem Umfang die Beteiligten einander Kosten zu erstatten haben.

Prozeßkostenhilfe

Sollte ein Beteiligter nicht in der Lage sein, die Kosten für eine anwaltliche Vertretung aufzubringen, so besteht die Möglichkeit, Prozeßkostenhilfe zu beantragen und damit zu erreichen, daß ein vom Kläger bestimmter Rechtsanwalt beigeordnet wird. Die Rechts-

BUNDESVERSICHERUNGSANSTALT FÜR ANGESTELLTE

Postanschrift:
Bundesversicherungsanstalt für Angestellte · 10704 Berlin

Hauptverwaltung: Berlin-Wilmersdorf, Ruhrstraße 2, Telefon (0 30) 8 65-1
Telex 1 83 366 · Telefax (0 30) 8 65 272 40 · Btx *4 5065#

1zeilig

Versicherungsnummer | BKZ

Anlage zum Rentenantrag vom ____________ zur Feststellung von Berufsunfähigkeit oder Erwerbsunfähigkeit

1 **Angaben zur Person**

Name, Geburtsname, Vornamen (Rufname bitte unterstreichen)	Geburtsdatum
Straße, Hausnummer, Postleitzahl, Wohnort	Telefon (Vorwahl/Ruf-Nr.) tagsüber

2 **Verstorbene Versicherte / verstorbener Versicherter (bei Antrag auf Hinterbliebenenrente)**

Name, Geburtsname, Vorname, Geburtsdatum	Versicherungsnummer d. Verstorbenen	BKZ

3 **Antragstellung durch andere Personen (Vormund, Betreuer)**

Name, Vorname oder Dienststelle	In der Eigenschaft als ☐ Vormund ☐ Betreuer
Straße, Hausnummer, Postleitzahl, Wohnort	Telefon (Vorwahl/Ruf-Nr.) tagsüber

4 **Berufsausbildung der Antragstellerin / des Antragstellers**

Bestand ein **Lehr-/Ausbildungsverhältnis?** **Nachweise bitte beifügen**

	vom/bis	erlernter Beruf	Prüfung bestanden?
☐ nein ☐ ja			☐ nein ☐ ja

Bestand ein **Anlernverhältnis?**

	vom/bis	angelernter Beruf	erfolgreich beendet?
☐ nein ☐ ja			☐ nein ☐ ja

Wurde eine **Umschulung** durchgeführt?

	vom/bis	Umschulungsberuf/Kostenträger/Aktenzeichen	erfolgreich beendet?
☐ nein ☐ ja			☐ nein ☐ ja

Wurden sonstige **Ausbildungen** absolviert (z. B. Refa-, Meister-, Polierprüfung, Fach-, Fachhoch-, Hochschule)?

5 **Beschäftigungsübersicht**

Zeitraum vom/bis	genaue Bezeichnung der Beschäftigung bzw. Tätigkeit (z. B. nicht kaufm. Angestellter sondern Bilanzbuchhalter)	Bezeichnung des Tarifvertrags, Gehalts- bzw. Lohngruppe	aufgegeben wegen (z. B. Krankheit, Arbeitslosigkeit, Kündigung)

Name und Anschrift des letzten Arbeitgebers, Art des Betriebes

Arbeitszeit (Tage pro Woche, Stunden tägl.)

6 **Selbständige Erwerbstätigkeit**

Üben Sie noch eine selbständige Erwerbstätigkeit aus?

☐ nein

Datum und Grund der Aufgabe (z. B. Löschung in der Handwerksrolle, Abmeldung beim Gewerbeamt – bitte nachweisen)

☐ ja

Angabe der noch verrichteten Tätigkeiten

☐ im eigenen gewerblichen Betrieb bzw. im Betrieb eines Familienangehörigen ☐ im eigenen landwirtschaftlichen Betrieb bzw. im landwirtschaftlichen Betrieb eines Familienangehörigen ☐ im sonstigen freien Beruf

Art und Umfang der Tätigkeit und ggf. Verwandtschaftsverhältnis angeben

Größe des Betriebes in ha angeben

Sind Sie Eigentümer oder Gesellschafter eines Unternehmens (Betrieb, Geschäft oder ähnliches) oder sonst freiberuflich tätig?

☐ nein ☐ ja

7 **Angaben von Arbeitsuchenden (wenn zur Zeit weder eine Beschäftigung noch eine selbständige Tätigkeit ausgeübt wird)**

Sind Sie beim Arbeitsamt als Arbeitsuchender gemeldet?

☐ nein ☐ ja seit

Arbeitsamt/Aktenzeichen

Das Arbeits-(Vermittlungs-)gesuch bezieht sich auf folgende Berufstätigkeiten

☐ Ganztags-beschäftigung ☐ Teilzeit-beschäftigung

Anzahl der Wochenstunden

bitte wenden

4. 0111
62. Aufl. - 02/95 - 60 000 - A
(0569/95 - 125)

Erziehungsrente

Erziehungsrente erhalten Versicherte, wenn die Ehe nach dem 30. Juni 1977 geschieden, für nichtig erklärt oder aufgehoben wurde oder wenn sich bei einer Scheidung vor dem 1. Juli 1977 der Unterhaltsanspruch nach dem Recht bestimmte, das im Beitrittsgebiet gegolten hat.
Weitere Voraussetzung ist, daß der geschiedene Ehegatte gestorben ist und der Versicherte ein eigenes Kind oder ein Kind des Verstorbenen, das das 18. Lebensjahr noch nicht vollendet hat, erzieht, daß er nicht wieder geheiratet und die allgemeine Wartezeit bis zum Tode des geschiedenen Ehegatten erfüllt hat. Als Kinder, die einen Anspruch auf Erziehungsrente auslösen können, gelten auch Stiefkinder und Pflegekinder, die in den Haushalt des Versicherten aufgenommen worden sind, sowie Enkel und Geschwister, die im Haushalt des Versicherten leben oder vom Versicherten überwiegend unterhalten werden, sofern sie das 18. Lebensjahr noch nicht vollendet haben.

Kinder, Stiefkinder, Pflegekinder, Enkel, Geschwister

Der Anspruch auf Erziehungsrente endet bei erneuter Eheschließung des Berechtigten, bei Beendigung der Kindererziehung oder bei Vollendung des 65. Lebensjahres. In diesem Fall kann ein Anspruch auf Altersrente bestehen.

Wartezeit

Voraussetzung für den Bezug einer Rente ist, daß die entsprechenden Wartezeiten erreicht werden. Eine Rente aus der gesetzlichen Rentenversicherung kann nur gezahlt werden, wenn der Versicherte ihr eine bestimmte Zeit angehörte. Diese Mindestversicherungszeit, die ein Versicherter Beiträge zur gesetzlichen Rentenversicherung geleistet hat, nennt man Wartezeit. Eine „allgemeine Wartezeit“ von fünf Jahren ist die Voraussetzung für einen Anspruch auf Regelaltersrente, Rente wegen verminderter Berufs- und Erwerbsfähigkeit und Rente wegen Todes.

Allgemeine Wartezeit

Die Erfüllung einer Wartezeit von 15 Jahren ist Voraussetzung für einen Anspruch auf Altersrente wegen Arbeitslosigkeit und für die Altersrente bei Frauen.
Wartezeiten von 20 Jahren werden für einen Anspruch auf Rente wegen Erwerbsunfähigkeit vorausgesetzt bei Versicherten, die die allgemeine Wartezeit vor Eintritt der Erwerbsunfähigkeit nicht erfüllt haben. Dies gilt beispielsweise für erwerbsunfähige Behinderte, die keine Pflichtbeiträge haben.

Die Erfüllung der Wartezeit von 25 Jahren ist Voraussetzung für eine Altersrente bei Bergleuten. Nach einer Wartezeit von 25 Jahren haben Bergleute, die das 50. Lebensjahr vollendet haben, Anspruch auf Rente für Bergleute, auch wenn sie eine im Vergleich zu ihrer bisherigen knappschaftlichen Tätigkeit gleichwertige Beschäftigung nicht mehr ausüben.
Die Erfüllung der Wartezeit von 35 Jahren ist Voraussetzung für einen Anspruch auf Altersrente für langjährige Versicherte und Altersrente für Schwerbehinderte, Berufs- oder Erwerbsunfähige.

Rentenrechtlich bedeutsame Zeiten

Rentenrechtlich wird unterschieden zwischen Beitragszeiten, beitragsfreien Zeiten und Berücksichtigungszeiten.

Beitragszeiten

Als Beitragszeiten mit vollwertigen Beiträgen gelten die Zeiten, in denen Pflichtbeiträge oder freiwillige Beiträge bezahlt wurden. Darüber hinaus werden aber auch folgende Beiträge als vollwertig angesehen:

- Pflichtbeiträge, die aufgrund besonderer Vorschriften angerechnet werden, zum Beispiel Kindererziehungszeiten, Bundeswehrzeiten und Zivildienstzeiten, Zeiten im Versorgungsausgleich, Beiträge nach Reichsversicherungsgesetzen, Berliner und Saarländischen Beitragszeiten,
- Beiträge, die während einer Rehabilitationsmaßnahme als gezahlt gelten, und
- Zeiten, für die eine Zahlung glaubhaft gemacht werden kann, beispielsweise durch eidesstattliche Versicherungen oder Zeugenaussagen ehemaliger Kollegen.

Kindererziehungszeiten

Als Kindererziehungszeiten werden der Mutter oder wahlweise dem Vater für Geburten vor 1992 pro Kind ein Jahr angerechnet, für Geburten ab 1992 drei Jahre. Diese Zeiten werden als Pflichtbeitragszeiten mit 0,75 % Entgeltpunkten pro Jahr bewertet. Somit kann zum Beispiel eine Frau, die nie in die gesetzliche Rentenversicherung Beiträge einbezahlt hat, mit der Geburt von zwei Kindern ab 1992 eine Altersrentenanwartschaft erwerben, da sie ja auf diese Weise die allgemeine Wartezeit von fünf Jahren erreicht.
Zeiten des Bundeswehr- bzw. Zivildienstes werden ebenfalls wie Pflichtbeiträge angerechnet und mit ca. 0,75 Entgeltpunkten pro Jahr bewertet.

Beitragsfreie Zeiten

Beitragsfreie Zeiten sind Zeiten, in denen Beiträge nicht gezahlt wurden. Diese werden jedoch vielfach von der gesetzlichen Rentenversicherung bei der Rentenberechnung berücksichtigt; dazu wird für diese Zeiträume ein fiktiver Einkommenswert zugrunde gelegt. Hierbei sind folgende beitragsfreie Zeiten zu unterscheiden:
Beitragsfreie Zeiten sind Anrechnungszeiten, Zurechnungszeiten und Ersatzzeiten.

Anrechnungszeiten

Anrechnungszeiten sind Zeiten, in denen der Versicherte wegen Krankheit arbeitsunfähig gewesen ist oder Leistungen zu Rehabilitation erhalten hat; in denen er wegen Schwangerschaft oder Mutterschaft während der Schutzfristen nach dem Mutterschutzgesetz eine versicherte Beschäftigung oder eine selbständige Tätigkeit nicht ausüben konnte; in denen er wegen Arbeitslosigkeit arbeitssuchend gemeldet war und Arbeitslosengeld oder Arbeitslosenhilfe bezogen hat. Ferner Zeiten, in denen ein Versicherter nach dem vollendeten 16. Lebensjahr eine Schule besucht oder eine Fachhochschule oder Hochschule besucht und abgeschlossen hat. Hierbei wurden bisher höchstens sieben Jahre, in Zukunft werden nur noch drei Jahre angerechnet.

Für Rentenneuzugänge ab Januar 1997 werden Anrechnungszeiten wegen des Schulbesuchs nicht mehr wie bisher ab Vollendung des 16. Lebensjahres, sondern erst ab Vollendung des 17. Lebensjahres berücksichtigt. Bei Rentenneuzugängen von 1997 bis 2000 erfolgt die Reduzierung stufenweise.

Für Ausbildungszeiten, die nicht als Anrechnungszeiten berücksichtigt werden, können freiwillige Beiträge nachgezahlt werden. Die Begrenzung des Wertes für Anrechnungszeiten wegen Schul-, Fach- oder Hochschulbesuchs auf 75 % des Gesamtleistungswertes, höchstens 75 % des Durchschnittsentgelts, die nach dem geltenden Recht erst ab 2004 voll wirksam werden sollte, wird nunmehr gestrafft und soll bereits ab 2001 gelten.

Zurechnungszeiten

Weitere beitragsfreie Zeit ist die Zurechnungszeit. Diese kommt den Versicherten zugute, die vor dem 60. Lebensjahr berufs- oder erwerbsunfähig werden. Die anrechnungsfähigen Versicherungsjahre werden erhöht um die Differenz zwischen dem Eintritt des Versicherungsfalles und dem 60. Lebensjahr, wobei der Zeitraum zwischen dem 55. und dem 60. Lebensjahr zu einem Drittel angerechnet wird.

Ersatzzeiten

Als Ersatzzeiten gelten: Militärischer Dienst vor 1945, politische Inhaftierung, Kriegsgefangenschaft, Flucht/Vertreibung. Nach 1991 können keine Ersatzzeiten mehr erworben werden.

Berücksichtigungszeiten

Die Kinderberücksichtigungszeiten beginnen am Tag der Geburt und enden mit Vollendung des 10. Lebensjahres. Werden während dieser Zeit zwei Kinder gleichzeitig erzogen, so wird der Zeitraum der zeitgleichen Erziehung – im Gegensatz zur Kindererziehungszeit – nur einmal berücksichtigt.
Elternteile, die am 18. Mai 1990 ihren gewöhnlichen Aufenthalt in den neuen Bundesländern hatten, sind von der Anrechnung der Kinderberücksichtigungszeiten ausgeschlossen, wenn sie vor dem 1. Januar 1927 geboren wurden.

Pflege

Zeiten der nicht erwerbsmäßigen Pflege eines Schwerpflegebedürftigen ab 1992 werden auch als Berücksichtigungszeiten gewertet. Die Berücksichtigungszeiten wirken sich dahingehend aus, daß der Zugang zu Berufs- bzw. Erwerbsunfähigkeitsrenten erleichtert wird durch die Verlängerung des 5-Jahres-Zeitraums vor dem Versicherungsfall, in dem mindestens 36 Pflichtbeiträge geleistet sein müssen, sowie durch die Anrechnung auf die 35jährige Wartezeit bei flexiblen Altersrenten.

Die Höhe der gesetzlichen Rente

Die Höhe einer Rente richtet sich nach der Höhe der während des Versicherungslebens durch Beiträge versicherten Entgelte. Das in den einzelnen Jahren durch Beiträge versicherte Arbeitsentgelt und Arbeitseinkommen wird in Entgeltpunkte umgerechnet.

Entgeltpunkte

Durchschnittseinkommen

Das Einkommen des Versicherten wird mit dem Durchschnittsentgelt aller Versicherten eines Kalenderjahres verglichen. Ein voller Entgeltpunkt wird angerechnet, wenn ein Arbeitnehmer soviel verdient wie das Durchschnittsentgelt. Dem Versicherten wird ein darüber- oder darunterliegender Wert angerechnet, je nachdem, ob er mehr oder weniger verdient hat als das Durchschnittseinkommen. Wer zum Beispiel 1996 ein Bruttoeinkommen in Höhe von DM 51 108,00 bezogen hat, dem wird ein Entgeltpunkt gutgeschrieben. Die so errechneten Entgeltpunkte werden Jahr für Jahr addiert und dann in die Rentenformel eingesetzt.

Rentenartfaktor

Somit sammelt ein Versicherter Jahr für Jahr bestimmte Entgeltpunkte, die in der Addition die persönlichen Entgeltpunkte ergeben.

Diese persönlichen Entgeltpunkte werden dann multipliziert mit dem Rentenartfaktor, der beispielsweise bei der Alters- und Erwerbsunfähigkeitsrente den Wert 1 hat und bei der Berufsunfähigkeitsrente den Wert ⅔.

Der Rentenartfaktor berücksichtigt die unterschiedlichen Rentenarten und legt die grundsätzliche Höhe der verschiedenen Renten fest.

Rentenwert

Das Ergebnis wird dann wiederum multipliziert mit dem aktuellen Rentenwert. Dieser Wert wird jedes Jahr zum 1. Juli eines jeden Jahres festgelegt. Er beträgt seit dem 1. Juli 1996 monatlich DM 46,23 in den alten Bundesländern und DM 37,02 in den neuen Bundesländern (ab 1.7.1997 DM 46,67 bzw. DM 38,38).

DDR-Alterssicherung

Die Integration der DDR-Alterssicherung in die gesetzliche Rentenversicherung konnte nur schrittweise erfolgen und ist hinsichtlich der Leistungshöhe bis heute noch nicht abgeschlossen. Viele Übergangsvorschriften sind zwischenzeitlich ausgelaufen. Aufgrund der unterschiedlichen Einkommenssituation in Ost und West ist bei der Rentenformel nunmehr zwischen dem aktuellen Rentenwert West und dem aktuellen Rentenwert Ost zu unterscheiden. Der aktuelle Rentenwert als ein bestimmender Faktor der Rentenanpassungsformel soll grundsätzlich auch in den neuen Bundesländern dazu dienen, die Renten der gesetzlichen Rentenversicherung der Entwicklung der Nettoeinkünfte aller Arbeitnehmer anzupassen. Bis zum Erreichen einheitlicher Einkommensverhältnisse wird jedoch in den neuen Bundesländern der aktuelle Rentenwert der dortigen Nettolohnentwicklung entsprechend von dem für die alten Bundesländer aktuellen errechneten Rentenwert differieren.

Das Ergebnis ist dann die monatliche Rente, die sich zusammensetzt aus den persönlichen Entgeltpunkten x Rentenartfaktor x aktueller Rentenwert. Diese Rechnung bezeichnet man als Rentenformel.
Als mathematische Gleichung stellt sich die Rentenformel so dar:

mtl. R.	=	pers. Ep	x	Raf	x	aRW
(monatliche Rente)		(persönliche Entgeltpunkte)		(Rentenartfaktor)		(aktueller Rentenwert)

Der individuelle Versicherungsverlauf

Um festzustellen, welche rentenrechtlich relevanten Zeiten ein Versicherter zurückgelegt hat, kann er vom zuständigen Versicherungsträger eine Auskunft über die auf dem Versicherungskonto gespeicherten personenbezogenen Daten (Versicherungsverlauf) anfordern. Versicherte, die das 43. Lebensjahr vollendet haben, erhalten von Amts wegen die entsprechenden Auskünfte; Versicherte, die das 43. Lebensjahr noch nicht vollendet haben, müssen einen entsprechenden Antrag stellen.

Antragstellung

Dieser Antrag kann formlos beim zuständigen Versicherungsträger gestellt werden.
Zur Illustration der Versicherungsverlauf einer Versicherten mit Kindererziehungszeiten:

Versicherungsverlauf

In der nachfolgenden Aufstellung sind die im Versicherungskonto gespeicherten Daten aufgeführt, die zur Feststellung und Erbringung von Leistungen erheblich sind.

Rentenversicherung der Angestellten

	05.10.64–20.07.65		10 Mon.	Schulausbildung
VK 01	01.09.65–31.12.65	1 479,00 DM	4 Mon.	Pflichtbeiträge
VK 01	01.01.66–31.08.66	3 647,65 DM	8 Mon.	Pflichtbeiträge
VK 01	01.09.66–31.12.66	2 004,00 DM	4 Mon.	Pflichtbeiträge
VK 01	01.01.67–31.12.67	6 162,31 DM	12 Mon.	Pflichtbeiträge
VK 02	01.01.68–31.12.68	6 727,61 DM	12 Mon.	Pflichtbeiträge
VK 02	01.01.69–31.12.69	8 500,35 DM	12 Mon.	Pflichtbeiträge
VK 02	01.01.70–31.12.70	11 395,24 DM	12 Mon.	Pflichtbeiträge
DÜVO	01.01.71–31.12.71	15 152,00 DM	12 Mon.	Pflichtbeiträge
DÜVO	01.01.72–31.12.72	17 316,00 DM	12 Mon.	Pflichtbeiträge
DÜVO	01.01.73–31.10.73	16 389,17 DM	10 Mon.	Pflichtbeiträge
DÜVO	01.11.73–31.12.73	3 277,83 DM	2 Mon.	Pflichtbeiträge
DÜVO	01.01.74–13.02.74	2 272,00 DM	2 Mon.	Pflichtbeiträge
DÜVO	14.02.74–12.05.74		2 Mon.	krank/Gesundheitsmaßnahme
DÜVO	13.05.74–31.12.74	15 482,00 DM	8 Mon.	Pflichtbeiträge
DÜVO	01.01.75–31.12.75	24 701,00 DM	12 Mon.	Pflichtbeiträge
DÜVO	01.01.76–30.06.76	12 792,13 DM	6 Mon.	Pflichtbeiträge
DÜVO	01.07.76–27.09.76	6 182,87 DM	3 Mon.	Pflichtbeiträge

DÜVO	28.09.76–30.11.76		2 Mon.	Schwangerschaft
	01.12.76–31.12.76		1 Mon.	Pflichtbeitrag für Kindererziehung
DÜVO	01.12.76–31.12.76			Schwangerschaft
	01.01.77–28.02.77		2 Mon.	Pflichtbeiträge für Kindererziehung
DÜVO	01.01.77–14.01.77			Schwangerschaft
DÜVO	15.01.77–04.02.77	1 513,00 DM		Pflichtbeitrag
	01.03.77–30.11.77		9 Mon.	Pflichtbeiträge für Kindererziehung
DÜVO	01.06.91–31.12.91	20 093,00 DM	7 Mon.	Pflichtbeiträge
DÜVO	01.01.92–31.12.92	36 762,00 DM	12 Mon.	Pflichtbeiträge
DÜVO	01.01.93–31.12.93	40 542,00 DM	12 Mon.	Pflichtbeiträge
Vorl.	01.01.94–30.06.94	19 158,00 DM	6 Mon.	Pflichtbeiträge

Im Versicherungsverlauf sind außerdem noch die folgenden rentenrechtlich bedeutsamen Zeiten gespeichert:
Berücksichtigung wegen Kindererziehung 01.11.76–30.11.86

Erläuterungen der verwendeten Abkürzungen:

VK = Nummer der Versicherungskarte (Aufrechnungsbescheinigung), die die angegebene Zeit enthält.
DÜVO = Zeiten nach der Datenübermittlungsverordnung (vom Arbeitgeber übermittelt)
Vorl. = Vorläufig bescheinigtes Entgelt

Weitere mögliche Abkürzungen:

SVN = mit Belegen des Sozialversicherungsnachweisheftes oder der Datenerfassungsverordnung gemeldete Zeiten
Sozl = Zeiten des Bezuges von Kranken- oder Übergangsgeld, Arbeitslosengeld- oder -hilfe und vergleichbare Geldleistungen eines Sozialleistungsträgers
AFG = von der Bundesanstalt für Arbeit gemeldete Zeiten

Kontenklärung

Auf den entsprechenden Antrag hin erhält der Versicherte seinen Rentenverlauf. Dies ist eine Liste über die versicherten Entgelte und die entsprechenden Versicherungszeiten. Aus diesem Rentenverlauf wird jedoch nicht ersichtlich, wie hoch die einmal zu erwartende Altersrente ausfällt. Hierzu ist nämlich eine vorherige Kontenklärung Voraussetzung.

Manuel erhält seinen Rentenverlauf. Bei der Durchsicht stellt er fest, daß offensichtlich die Tätigkeit bei einer kleinen Firma, die er drei Monate lang ausgeübt hat, nicht erfaßt wurde.

In diesen Fällen hat der Versicherte die Möglichkeit, durch Vorlage von Gehaltsabrechnungen, Arbeitsbescheinigungen und anderen Unterlagen nachzuweisen, daß er zu einem bestimmten Zeitraum einer versicherungspflichtigen Tätigkeit nachgegangen ist. Dann können diese Zeiten entsprechend im Versicherungsverlauf berücksichtigt werden.

Schulen, Fachhochschulen, Hochschulen usw. bestätigen auf Anfrage die dort absolvierte Ausbildung.

Renten-anwartschaft

Versicherte, die das 55. Lebensjahr vollendet haben, erhalten von Amts wegen Auskunft über die Höhe der Rentenanwartschaft. Auf Antrag können auch jüngere Versicherte die entsprechende Auskunft erhalten.
Auf Antrag erhalten Versicherte, die das 55. Lebensjahr vollendet haben, auch Auskunft über die Höhe der Anwartschaft auf ihre Rente, die ihnen bei verminderter Erwerbsfähigkeit oder im Todesfalle ihren Familienangehörigen zustehen würde. Bei Darlegung eines berechtigten Interesses kann diese Auskunft auch schon jüngeren Versicherten erteilt werden.

Schätzungen der Rentenanwartschaft

Jeder Versicherte ist daran interessiert, ungefähr zu wissen, welche Altersrente er erwarten kann. Im folgenden deshalb eine Tabelle, die jedoch nur annähernd die mögliche Rentenanwartschaft darstellt. Die Rentenanwartschaften sind abhängig von vielen Faktoren, unter anderem von der Dauer der Ausbildung, der Höhe des Entgelts usw. Die folgende Tabelle geht deshalb von einigermaßen gleichbleibenden durchschnittlichen Einkünften aus; bei Frauen sind gegebenenfalls Kindererziehungszeiten hinzuzurechnen. Diese Tabelle kann deshalb nur grobe Anhaltspunkte für die Rentenanwartschaften bieten.

Eine Diskette zur Rentenberechnung ist kostenlos zu beziehen beim Bundesministerium für Arbeit und Sozialordnung, Referat Öffentlichkeitsarbeit, Postfach 140820, 53107 Bonn.

Altersrente und Erwerbsunfähigkeit

Versicherungsjahre	Aktuelles Monatsentgelt des Versicherten* (in DM)							
	2000	2250	2500	2750	3000	3250	3500	3750
	Monatliche Rentenanwartschaft							
10	212	239	265	292	318	345	371	398
11	233	262	292	321	350	379	408	437
12	254	286	318	350	382	413	445	477
13	276	310	345	379	413	448	482	517
14	297	334	371	408	445	482	519	557
15	318	358	398	437	477	517	557	596
16	339	382	424	466	509	551	594	636
17	360	405	451	496	541	586	631	676
18	382	429	477	525	572	620	668	716
19	403	453	504	554	604	655	705	755
20	424	477	530	583	636	689	742	795
21	445	501	557	612	668	723	779	835
22	466	525	583	641	700	758	816	875
23	488	549	610	670	731	792	853	914
24	509	572	636	700	763	827	890	954
25	530	596	663	729	795	861	928	994
26	551	620	689	758	827	896	965	1034
27	572	644	716	787	859	930	1002	1073
28	594	668	742	816	890	965	1039	1113
29	615	692	769	845	922	999	1076	1153
30	636	716	795	875	954	1034	1113	1193
31	657	739	822	904	986	1068	1150	1232
32	678	763	848	933	1018	1102	1187	1272
33	700	787	875	962	1049	1137	1224	1312
34	721	811	901	991	1081	1171	1261	1352
35	742	835	928	1020	1113	1206	1299	1391
36	763	859	954	1049	1145	1240	1336	1431
37	784	883	981	1079	1177	1275	1373	1471
38	806	906	1007	1108	1208	1309	1410	1511
39	827	930	1034	1137	1240	1344	1447	1550
40	848	954	1060	1166	1272	1378	1484	1590
41	869	978	1087	1195	1304	1413	1521	1630
42	890	1002	1113	1224	1336	1447	1558	1670
43	912	1026	1140	1254	1367	1481	1595	1709
44	933	1049	1166	1283	1399	1516	1633	1749
45	954	1073	1193	1312	1431	1550	1670	1789

*1/12 des jährlichen Bruttoarbeitsentgeltes (einschließlich einmaliger Zahlungen)

Rentenbezug im Ausland

Dem Rentner Robert ist der Winter in Deutschland zu kalt. Er beschließt deshalb, sich auf Mallorca ein Haus zu kaufen, um dort die Wintermonate zu verbringen.

Kein Problem entsteht bei einem vorübergehenden Aufenthalt im Ausland: Die Inlandsrente wird uneingeschränkt weitergezahlt.

Gewöhnlicher Aufenthaltsort

Ein vorübergehender Aufenthalt liegt dann vor, wenn der gewöhnliche Aufenthaltsort im Bundesgebiet beibehalten wird, der Aufenthalt im Ausland also von vornherein zeitlich begrenzt ist. Dies ist der Fall, wenn z. B. ein Rentner im Winter das Bundesgebiet verläßt, um im sonnigen Süden zu überwintern. Dies gilt auch für Waisen, die eine Waisenrente beziehen und für eine bestimmte Zeit an einer Universität im Ausland studieren.

Generell kann jedoch eine Rente bei dauerndem Aufenthalt im Ausland eine Einschränkung erfahren. Dies kann bei Renten wegen Berufs- bzw. Erwerbsunfähigkeit der Fall sein.

Berufs- und Erwerbsunfähigkeit

Bei einem Aufenthalt im Bundesgebiet wird die Rente auch dann zuerkannt, wenn für einen Berechtigten mit einer eingeschränkten Erwerbsfähigkeit kein entsprechender Arbeitsplatz zur Verfügung steht. Dies ist jedoch dann nicht von Bedeutung, wenn der Berechtigte sich im Ausland aufhält, d. h., dann ist die Rente nur zuzusprechen, wenn die Berufs- oder Erwerbsunfähigkeit allein auf dem Gesundheitszustand des Berechtigten beruht. Bei einer Rente wegen Berufsunfähigkeit ist außerdem Voraussetzung, daß diese bereits gezahlt wurde, als sich der Rentenempfänger im Bundesgebiet aufhielt.

Diese Einschränkungen gelten jedoch nicht, wenn sich der Berechtigte in einem Staat aufhält, mit dem die Bundesrepublik Deutschland entsprechende Vereinbarungen über soziale Sicherheit abgeschlossen hat. Dies gilt beispielsweise für die Staaten der EU und eine Reihe anderer Länder.

Rentenhöhe

Bei der Berechnung einer Auslandsrente können jedoch Besonderheiten berücksichtigt werden, die eine erhebliche Reduzierung des Anspruchs zur Folge haben. Die Höhe der Renten wird durch die Zahl der persönlichen Entgeltpunkte bestimmt. Das individuelle Einkommen wird also mit dem Durchschnittsverdienst aller Versicherten verglichen. Entspricht der Verdienst des Berechtigten dem Durchschnittsverdienst aller Versicherten, so erhält er hierfür einen Entgeltpunkt, bei niedrigerem bzw. höherem Verdienst dementsprechend mehr oder weniger Entgeltpunkte. Beitragsfreie Zeiten wie Ersatz- oder Anrechnungszeiten werden ebenfalls mit Entgeltpunkten bewertet.

Auswanderung

Ist der Versicherte nach dem 18. Mai 1990 ausgewandert oder nach dem 18. Mai 1950 geboren, so ist die Auslandsrente zunächst aus den Entgeltpunkten für Beiträge aus dem Bundesgebiet zu berechnen. Aus Entgeltpunkten für Beiträge, die außerhalb der Bundesrepublik gezahlt werden, ist eine Auslandsrente nicht zu bezahlen. Entgeltpunkte für beitragsfreie Zeiten werden in dem Verhältnis berücksichtigt, in dem die zahlbaren Entgeltpunkte für Bundesgebietsbeiträge zu allen Entgeltpunkten für Beiträge stehen.
Eine volle Zahlung der Rente in das Ausland ist deshalb nur möglich, wenn ausschließlich Beiträge im Bundesgebiet bezahlt wurden. Deshalb ist vor einer Auswanderung genau zu überprüfen, welche Auswirkungen dieser Schritt auf die zu erwartende Rente haben kann.
Etwas günstigere Regelungen gelten für Auswanderungen vor dem 19. Mai 1990 und für Versicherte, die vor dem 19. Mai 1950 geboren wurden.
Eine Reduzierung der Rente ist auch dann möglich, wenn der Berechtigte vor der Verlegung des dauernden Aufenthalts ins Ausland bereits eine Rente im Inland bezogen hat. Frühere günstigere Regelungen sind gestrichen worden. Deshalb auch hier der dringende Rat, vor der Auswanderung über die Höhe der Auslandsrente Informationen einzuholen.

> Der Versicherte bzw. Rentenbezieher ist verpflichtet, den Rentenversicherungsträger unaufgefordert von sämtlichen wichtigen Änderungen, wie zum Beispiel von einem Wohnortwechsel, zu informieren.

Das Fremdrentengesetz (FRG)

Oben wurden bereits die sachfremden Leistungen der Rentenversicherungsträger erwähnt. Darunter fallen die Leistungen der sozialen Versicherungsträger, für die keine entsprechenden Beiträge entrichtet worden sind.

Vertriebene, Spätaussiedler

Grundsätzlich gilt auch für Vertriebene und Spätaussiedler das Sozialgesetzbuch, das die Beziehungen der Versicherten zu den gesetzlichen Rentenversicherungsträgern regelt. Dort sind aber naturgemäß insbesondere die Versicherungszeiten in der Bundesrepublik geregelt.

Das Fremdrentengesetz wird geprägt vom Gedanken der Eingliederung, d. h. die hiervon Betroffenen sollen so gestellt werden, als hätten sie ihr Erwerbsleben nicht im Herkunftsland, sondern in Deutschland verbracht. Das bedeutet konkret, daß sie zwar fremde Versicherungszeiten zurückgelegt haben, jedoch keine Beiträge in Deutschland bezahlen konnten. Das heißt, das Fremdrentengesetz beantwortet die Fragen, welche in den Herkunftsländern zurückgelegten Beitragszeiten anerkannt und damit „deutschen" Beitragszeiten gleichgestellt werden.

Versicherung im Ausland

Als Beitragszeiten können nur die Zeiten anerkannt werden, in denen Beiträge an einen Träger der gesetzlichen Rentenversicherung des Herkunftslandes gezahlt worden sind, zu denen ein wirksames Versicherungsverhältnis bestanden hat und für die Beiträge beim fremden Träger verblieben sind. Diese Voraussetzungen erfüllen praktisch alle heutigen Systeme der osteuropäischen Staaten, so daß also alle Spätaussiedler aus den osteuropäischen Staaten von den Bestimmungen des Fremdrentengesetzes profitieren.

Für die nach dem FRG rentenberechtigten Personen werden auch Zeiten der Kindererziehung berücksichtigt. Allein die Berücksichtigung der im Herkunftsland zurückgelegten Zeiten löst jedoch nicht das wesentliche Problem. Dieses entsteht nämlich dadurch, daß zur Bestimmung der Rentenhöhe die erzielten individuellen Arbeitseinkünfte herangezogen werden müssen. Für die nach dem FRG anzuerkennenden Beträge muß man dagegen auf andere Werte zurückgreifen, denn die Arbeitseinkünfte sind wegen der erheblich unterschiedlichen Wirtschafts- und Währungssysteme in den Herkunftsländern nicht mit den Einkünften in Deutschland zu vergleichen. Die entsprechenden Bewertungen werden nach Tabellen vorgenommen, die Durchschnittsverdienste für bestimmte Berufsgruppen erfassen.

Nachweis der Beitragszeiten

Es ist also für vom FRG Betroffene wichtig, ihre Ansprüche zu verwirklichen und die entsprechenden Nachweise für die anzurechnenden Beitragszeiten und Beitragsentgelte zu beschaffen.

Zuständig für den entsprechenden Antrag ist der Rentenversicherungsträger, an den die letzten Beiträge bezahlt wurden. Ist im Inland noch kein versicherungspflichtiges Beschäftigungsverhältnis eingegangen worden, so ist der Versicherungsträger zuständig, dem die letzten nach dem FRG anrechenbaren Beitrags- oder Beschäftigungszeiten zuzuordnen sind. Dies bedeutet, die BfA ist zuständig, wenn eine Beschäftigung überwiegend geistiger Art ausgeübt wurde, die Landesversicherungsanstalt, wenn eine Beschäftigung überwiegend körperlicher Arbeit ausgeübt wurde. Die Bundes-

knappschaft ist zuständig, wenn nach deutschen Vorschriften eine Versicherungspflicht in der knappschaftlichen Rentenversicherung begründet wäre.
Dem Antrag sind entsprechende Nachweise beizufügen. Diese Unterlagen sind durch Kriegsereignisse oder Vertreibung oft verlorengegangen. In diesen Fällen ist eine Beweiserleichterung für den Berechtigten geschaffen worden: Für die Feststellung rechtserheblicher Tatsachen ist die Glaubhaftmachung ausreichend. Eine Tatsache ist dann glaubhaft, wenn ihr Vorliegen nach dem Ergebnis der Ermittlungen, die sich auf sämtliche erreichbaren Beweismittel erstrecken sollen, überwiegend wahrscheinlich ist. Es müssen also mehr Beweise für als gegen eine Tatsache sprechen.
Sind dann die Ansprüche des Berechtigten geklärt, so gilt auch für die vom Fremdrentengesetz Betroffenen, sich über eine Ergänzung ihrer Altersversorgung Gedanken zu machen.

Die Beamtenversorgung

Dienstjahre

Beamte haben Anspruch auf Altersversorgung, wenn sie zum Beamten auf Lebenszeit ernannt worden sind und fünf „ruhegehaltsfähige Dienstjahre“ nachweisen können, also fünf Jahre, in denen eine aktive Beamtentätigkeit ausgeübt wurde. Unter bestimmten Umständen ist auch die vor der Verbeamtung liegende Ausbildungs- und Beschäftigungszeit als ruhegehaltsfähig anzusehen. Die Altersversorgung der Beamten gehört zu den sogenannten „althergebrachten Grundsätzen des Berufsbeamtentums“ und wird durch das Beamtenversorgungsgesetz geregelt.
Wer keine fünf ruhegehaltsfähigen Dienstjahre nachweisen kann, wird bei Dienstunfähigkeit oder Tod durch den Dienstherrn in der gesetzlichen Rentenversicherung nachversichert. Unter Umständen kann dann so mit den vor der Verbeamtung liegenden Beitragszeiten als Angestellter oder Arbeiter die Wartezeit erfüllt sein, so daß ein Anspruch auf Berufs- oder Erwerbsunfähigkeitsrente oder Witwen- bzw. Waisenrente gegeben ist.
Die Finanzierung der Beamtenversorgung erfolgt allein aus den laufenden Haushaltsmitteln des Dienstherrn. Nach dem inzwischen vorliegenden Versorgungsbericht wird jedoch der Vorschlag diskutiert, daß sich Beamte vom Jahr 2001 an mit 0,2 % ihrer jährlichen Tariferhöhungen an ihrer Altersversorgung beteiligen sollen.

Pensionshöhe

Ausschlaggebend für die Pensionshöhe sind das letzte Grundgehalt, der Ortszuschlag und sonstige ruhegehaltsfähige Dienstzuschläge.

Das Ruhegehalt beträgt für jedes anrechenbare Dienstjahr 1,875 % und erreicht seit 1992 nach 40 Jahren, früher schon nach 35 Dienstjahren, die Höchstgrenze von 75 % der letzten Dienstbezüge.
Da im allgemeinen Beamte in ihren Dienstjahren ausreichend über ihre Altersversorgung informiert sind bzw. sich informieren lassen können, erübrigen sich in diesem Zusammenhang weitere Ausführungen zur Berechnung der zu erwartenden Pensionen. Die Beamtenversorgung hat Lohncharakter, die Pension ist deshalb zu versteuern.

Zusatzversorgung für Arbeitnehmer

Betriebliche Altersversorgung

Teil der zweiten Säule der Altersversorgung ist für die Arbeitnehmer die betriebliche Altersversorgung.
Arbeitnehmer, Auszubildende sowie andere arbeitnehmerähnliche Personen können aufgrund vertraglicher Vereinbarung (Arbeitsvertrag, Betriebsvereinbarung, Tarifvertrag) beim Eintritt eines Versorgungsfalles (z. B. Alter, Invalidität, Tod) Leistungen der betrieblichen Versorgung (Betriebsrenten) erhalten. In den Vereinbarungen sind meistens auch die Art der Versorgungsleistung, die Leistungsvoraussetzungen und zuständige Stellen für die Leistungsgewährung geregelt.

Leistungen

Leistungen der betrieblichen Altersversorgung sind üblicherweise Geldleistungen in Form laufender Renten und/oder einmalige Kapitalzahlungen. Denkbar sind auch Sachleistungen der betrieblichen Altersversorgung wie Werkswohnungen, Kohledeputate oder ähnliches.
Leistungen der betrieblichen Altersversorgung werden vom Arbeitgeber freiwillig erbracht, sind also nicht einklagbar. Andererseits ist es jedoch möglich, daß in Tarifverträgen Leistungen der betrieblichen Altersversorgung zwingend vorgesehen sind.
Im allgemeinen wird ein Ruhegeld dann bezahlt,

- wenn das Arbeitsverhältnis im Zeitpunkt des Versorgungsfalles noch besteht;
- der Arbeitnehmer in den Ruhestand versetzt wird;
- er eine gewisse Dauer der Betriebszugehörigkeit zurückgelegt hat, bis er die Altersgrenze erreicht;
- er dienst-, arbeits-, erwerbs- oder berufsunfähig wird.

Die Voraussetzung, daß das Arbeitsverhältnis zum Zeitpunkt des Versorgungseintritts noch besteht, gilt jedoch nicht uneingeschränkt.

Anwartschaft

Gesetzlich geregelt ist die Unverfallbarkeit einer Versorgungsanwartschaft von Arbeitnehmern bei vorzeitigem Ausscheiden aus dem Arbeitsverhältnis (d. h., der Arbeitnehmer kann seinen Anspruch aufrechterhalten). Voraussetzung dafür, daß der Arbeitnehmer seinen Anspruch auch behält, wenn das Arbeitsverhältnis vor Eintritt des Versicherungsfalles endet, ist, daß der Arbeitnehmer mindestens das 35. Lebensjahr vollendet hat und entweder die Versorgungszusage für ihn mindestens zehn Jahre bestanden hat oder der Beginn der Betriebszugehörigkeit mindestens zwölf Jahre zurückliegt und die Versorgungszusage für ihn mindestens drei Jahre besteht.

Die Anwartschaft bleibt auch dann bestehen, wenn der Arbeitnehmer aufgrund einer Vorruhestandsregelung ausscheidet und die Wartezeit für den Bezug von Leistungen hätte erfüllen können, wäre er nicht früher ausgeschieden.

Lebensversicherung

Eine betriebliche Altersversorgung kann der Arbeitgeber leisten, indem er eine Lebensversicherung auf das Leben des Arbeitnehmers abschließt und der Arbeitnehmer oder seine Hinterbliebenen bezugsberechtigt sind. Wenn der Anspruch nicht mehr verfallen kann, dann darf der Arbeitgeber auch das Bezugsrecht nicht mehr ändern.

Direktversicherung

Die betriebliche Altersversorgung kann der Arbeitnehmer nur dann beeinflussen, wenn vom Arbeitgeber die Form einer Direktversicherung gewählt wurde. Deshalb im folgenden nur noch einige Hinweise zu dieser Form der betrieblichen Altersversorgung, da die anderen Formen ohne Gestaltungsmöglichkeiten des Arbeitnehmers bleiben.

Die Direktversicherung hat für den Arbeitgeber Vorteile. Sie ist nämlich risikolos, da sie den Arbeitgeber von jeglichem Vorsorgerisiko entbindet, so daß auch keine Verbindlichkeiten in der Bilanz auszuweisen sind. Darüber hinaus sind die Prämien für die Direktversicherung für den Arbeitgeber im vollen Umfang Betriebsausgaben. Sie mindern seine Steuerlast erheblich, so daß ein großer Teil der Prämie aus ersparten Steuern finanziert werden kann.

Fällige Leistungen aus der Direktversicherung einschließlich der Überschußbeteiligung fließen üblicherweise den Arbeitnehmern bzw. seinen Hinterbliebenen einkommenssteuerfrei zu. Bei Verträgen, deren Laufzeit 12 Jahre unterschreitet, ist ein geringfügiger Teil der Versicherungsleistung zu versteuern.

Können die Ansprüche aus der Direktversicherung nicht verfallen, so kann der Arbeitgeber seine Verpflichtung gegenüber einem ausscheidenden Arbeitnehmer dadurch erfüllen, daß er ihm den Versicherungsschein aushändigt. Dies setzt aber voraus, daß der ausscheidende Arbeitnehmer das unwiderrufliche Bezugsrecht hat, eine eventuelle Beleihung oder Abtretung rückgängig gemacht wurde und keine Prämienrückstände bestehen, daß die Überschußanteile aus der Versicherung von Anfang an zur Verbesserung des Versicherungsschutzes verwendet werden und der ausgeschiedene Arbeitnehmer ein Recht zur Fortsetzung der Versicherung mit eigenen Prämien hat.

Über die Direktversicherungsverträge derjenigen Mitarbeiter, deren Anwartschaften noch verfallen können, darf der Arbeitgeber als Versicherungsnehmer frei verfügen. Dies geht natürlich dann nicht, wenn der Arbeitgeber dem Mitarbeiter bereits ein unwiderrufliches Bezugsrecht ohne entsprechenden Vorbehalt eingeräumt hat.

Neue Bundesländer

In den neuen Bundesländern sind die arbeitsrechtlichen Vorschriften des Gesetzes zur betrieblichen Altersversorgung erst am 1. Januar 1992 in Kraft getreten. Auf Direktversicherungsverträge, die zwischen dem 1. Juli 1990 und dem 31. Dezember 1991 abgeschlossen wurden, sind die Vorschriften deshalb nicht ohne weiteres anwendbar. Zwar sind die Arbeitgeber an diese Versorgungszusagen gebunden, aber nur nach Maßgabe der jeweiligen arbeitsrechtlichen Vereinbarung und der Rechtsprechung. Eine erneute Versorgungszusage des Arbeitgebers nach dem 31. Dezember 1991 ist also erforderlich, wenn eine zwischen dem 1. Juli 1990 und 31. Dezember 1991 abgeschlossene Direktversicherung eine vollgültige Altersversorgung im Sinne des Gesetzes zur betrieblichen Altersversorgung werden soll. Aus Gründen der Klarheit empfiehlt sich eine ausdrückliche Bestätigung, um damit dem Versorgungsberechtigten die Änderung deutlich zu machen. Die für die Unverfallbarkeit einer Versorgungsanwartschaft genannten Fristen von zehn bzw. drei Jahren beginnen dann mit dem Datum der neuen Zusage, frühestens am 1. Januar 1992.

Pensionskasse

Die betriebliche Altersversorgung kann auch durch eine Pensionskasse durchgeführt werden. Derartige betriebliche Pensionskassen werden nur von Großbetrieben eingerichtet. Pensionskassen sind rechtsfähige Versorgungseinrichtungen, die betriebliche Altersversorgung gewähren und dem Arbeitnehmer oder seinen Hinterbliebenen einen Rechtsanspruch auf die entsprechenden Leistungen einräumen. In der Privatwirtschaft werden sie üblicherweise als Versicherungsvereine auf Gegenseitigkeit betrieben, im öffentlichen

Dienst als Versicherungsanstalten des öffentlichen Rechts. Die Pensionskassen unterliegen der Versicherungsaufsicht nach dem Gesetz über die Beaufsichtigung der privaten Versicherungsunternehmen und Bausparkassen. Der Arbeitnehmer ist – je nach Arbeitsvertrag – zum Beitritt verpflichtet, oder es ist eine freiwillige Mitgliedschaft möglich. Je nach Ausgestaltung werden die Leistungen der Pensionskasse vom Arbeitgeber finanziert, eventuell auch mit der Beteiligung der Arbeitnehmer. Die Gelder für die Pensionskasse scheiden aus dem Betriebskapital aus; sie müssen entsprechend den Vorschriften des Versicherungsaufsichtsgesetzes angelegt werden. Der Arbeitgeber ist verpflichtet, seinem Arbeitnehmer Zugang zur Pensionskasse zu verschaffen und ihn entsprechend aufzuklären und zu beraten. Für die entsprechenden Leistungen haftet die Pensionskasse.

Unterstützungskassen

Leistungen der betrieblichen Altersversorgung können auch durch betriebliche Unterstützungskassen erbracht werden. Dies sind rechtsfähige Versorgungseinrichtungen, die auf ihre Leistungen keinen Rechtsanspruch gewähren. Sie werden häufig als eingetragener Verein oder als GmbH geführt. Auch wenn der Arbeitnehmer gegen die Unterstützungskasse keinen Rechtsanspruch hat, so ist er nicht ungeschützt. Beispielsweise kann nicht ein einzelner Arbeitnehmer vom Leistungsbezug ausgeschlossen werden. Der Arbeitgeber ist nur berechtigt, bei Vorliegen allgemeiner Widerrufsgründe die Leistungen zu widerrufen oder den wirtschaftlichen Verhältnissen anzupassen. Wann und unter welchen Voraussetzungen eine derartige Anpassung, d. h. Kürzung, möglich wird, das ist jeweils im Einzelfall zu entscheiden. Die Rechtsprechung hierzu ist kompliziert und umfangreich; es ist hier auf jeden Fall die Hilfe eines Fachmanns nötig, wenn geprüft werden muß, ob eine Kürzung berechtigt ist oder nicht. Kommt es zu einem Rechtsstreit, dann sind die Arbeitsgerichte zuständig.

Ausscheiden eines Arbeitnehmers

Bei Ausscheiden des Arbeitnehmers muß der Arbeitgeber über das Bestehen oder Nichtbestehen einer unverfallbaren Anwartschaft Auskunft geben und auch darüber, in welcher Höhe Versorgungsleistungen beansprucht werden können, wenn der Arbeitnehmer die laut Versorgungsregelung vorgesehene Altersgrenze erreicht.

Arbeitnehmer, die eine unverfallbare Anwartschaft auf eine betriebliche Altersversorgung erworben haben, können, wenn sie aus einem Betrieb ausscheiden, einmalig abgefunden werden. Voraussetzung dafür ist jedoch, daß die unverfallbare Anwartschaft auf einer Versorgungszusage beruht, die weniger als zehn Jahre vor dem Ausscheiden erteilt wurde.

Sicherheit bei Insolvenz

Früher bestand ein Nachteil der betrieblichen Altersversorgung darin, daß diese dann nicht geschützt war, wenn der Arbeitgeber in wirtschaftliche Schwierigkeiten geriet. Inzwischen sind jedoch entsprechende Vorschriften erlassen worden, die die Betriebsrenten gegen die Zahlungsunfähigkeit/Insolvenz des Arbeitgebers absichern. Als Insolvenzfälle gelten

- die Eröffnung des Konkursverfahrens über das Vermögen des Arbeitgebers oder über seinen Nachlaß;
- die Abweisung des Antrags auf Eröffnung des Konkursverfahrens mangels Masse;
- die Eröffnung eines gerichtlichen Vergleichsverfahrens zur Abwendung des Konkurses;
- der außergerichtliche Vergleich des Arbeitgebers mit seinen Gläubigern, wenn ihm der Träger der Insolvenzversicherung zustimmt;
- die vollständige Beendigung der Betriebstätigkeit, wenn ein Antrag auf Eröffnung des Konkursverfahrens nicht gestellt worden ist bzw. ein Konkursverfahren offensichtlich mangels Masse nicht in Betracht kommt;
- die Kürzung oder die Einstellung von Versorgungsleistungen wegen wirtschaftlicher Notlage des Arbeitgebers, wenn dies durch rechtskräftiges Urteil eines Gerichts für zulässig erklärt worden ist.

Liegt ein Fall der Insolvenz vor, so hat der Berechtigte einen Anspruch gegen den Träger der Insolvenzversicherung in Höhe des betrieblichen Ruhegeldes. Träger der Insolvenzversicherung ist der Pensionssicherungsverein, Versicherungsverein auf Gegenseitigkeit, mit Sitz in 50968 Köln, Bonner Straße 211. Dieser Verein wurde gegründet vom Bundesverband deutscher Arbeitgeberverbände, dem Bundesverband der deutschen Industrie und dem Verband der Lebensversicherungsunternehmen. Die notwendigen Mittel werden von den Arbeitgebern aufgebracht, die Versorgungsleistungen gewähren. Damit auch alle entsprechenden Arbeitgeber erfaßt werden, müssen die Arbeitgeber den Pensionssicherungsverein informieren, wenn Neuzusagen auf gesicherte Versorgungsbezüge gegeben werden. Bei Streitigkeiten zwischen Arbeitnehmern und dem Pensionssicherungsverein ist das Arbeitsgericht Köln zuständig.

Streitfälle

Wie oben bereits erwähnt, werden Streitigkeiten über betriebliche Altersversorgungen vor den Arbeitsgerichten ausgetragen. In der 1. Instanz, vor dem Arbeitsgericht, kann jeder Betroffene sich selbst vertreten, es besteht kein Anwaltszwang. Es gibt aber auch hier wieder die Möglichkeit, Prozeßkostenhilfe zu beantragen, das Kosten-

Rentenversicherung. Da diese Beiträge nicht wie bei der Rentenversicherung durch das Umlageverfahren sofort wieder für laufende Renten an Rentner ausgezahlt sondern im Kapitaldeckungsverfahren angesammelt werden, sind die Rentenleistungen der Versorgungswerke derzeit um ca. 50 % höher als die der gesetzlichen Rentenversicherung. Dieser Leistungsvergleich bezieht sich auf die Rente von Angestellten. Bei selbständigen Freiberuflern können sie wesentlich höher ausfallen, denn dort sind dann höhere Beiträge zu entrichten. Die berufsständischen Versorgungswerke zahlen Altersrenten, Witwenrenten, Waisenrenten und Berufsunfähigkeitsrenten. Bei der Leistung der Berufsunfähigkeitsrente im Versorgungswerk wird die totale Berufsunfähigkeit, also die Erwerbsunfähigkeit, vorausgesetzt.

Rentenarten

Voraussetzung für eine Berufsunfähigkeitsrente ist also die dauernde oder vorübergehende Unfähigkeit, infolge eines körperlichen Gebrechens oder einer Schwäche der körperlichen oder geistigen Kräfte den entsprechenden Beruf oder eine vergleichbare Tätigkeit auszuüben sowie die Einstellung der bisherigen beruflichen Tätigkeit.

Rentenversicherung und Pflege

Ein Ehepartner wird pflegebedürftig, der andere Ehegatte pflegt ihn. Er kann deshalb nicht mehr in vollem Umfang seiner bisherigen sozialversicherungspflichtigen Tätigkeit nachgehen.

Mit dem Pflegeversicherungsgesetz wurde als weitere Pflichtversicherung die Pflegeversicherung eingeführt. Die Leistungen der Pflegekasse können auch die Beiträge zur Rentenversicherung von Pflegepersonen ausgleichen. Als Pflegeperson gilt, wer nicht erwerbsmäßig einen Pflegebedürftigen wenigstens 14 Stunden wöchentlich in seiner häuslichen Umgebung pflegt. Wenn die Pflege mindestens 14 Stunden geleistet wird, dann besteht für die Pflegeperson eine Versicherungspflicht in der gesetzlichen Rentenversicherung; hierfür steht die Pflegekasse ein: Sie zahlt entsprechende Beiträge in die gesetzliche Rentenversicherung.

Pflegeperson

Antragstellung

Wie jede Leistung der gesetzlichen Kassen erfolgt eine Zahlung aber nur auf Antrag. Es muß deshalb ein Antrag der pflegebedürftigen Person und der Pflegeperson bei der zuständigen Pflegekasse gestellt werden. Die Pflichtbeiträge für Pflegepersonen sind auf die jeweiligen Wartezeiten anrechenbar und können somit Rentenansprüche begründen.

Die Rentenversicherungsbeiträge für nicht erwerbsmäßig tätige Pflegepersonen sind ausschließlich von den Pflegeleistungsträgern zu tragen. Das sind für Pflegepersonen, die einen in der sozialen Pflegeversicherung pflichtversicherten Pflegebedürftigen pflegen, die Pflegekassen.

Wer einen bei einem privaten Versicherungsunternehmen Pflegeversicherten pflegt, für den ist ein privates Versicherungsunternehmen zuständig.

Bei der Pflege eines Pflegebedürftigen, der wegen Pflegebedürftigkeit Beihilfeleistungen eines privaten Versicherungsunternehmens erhält, leisten die Festsetzungsstelle für Beihilfe und die privaten Versicherungsunternehmen anteilig die Beiträge.

Wenn der Pflegebedürftige Beihilfeleistungen und Leistungen der sozialen Pflegeversicherung erhält, dann zahlen die Festsetzungsstelle für die Beihilfe und die Pflegekasse anteilig die Beiträge zur Rentenversicherung.

Für die Durchführung der Rentenversicherung der nicht erwerbsmäßig tätigen Pflegepersonen ist der Rentenversicherungsträger zuständig, bei dem die Pflegeperson zuletzt vor der Pflegetätigkeit versichert war oder aufgrund einer neben der Pflegetätigkeit bis zu höchstens 30 Stunden pro Woche ausgeübten Beschäftigung oder wegen einer selbständigen Tätigkeit versichert ist.

Sind vor Beginn der Pflegetätigkeit noch keine Beiträge zur gesetzlichen Rentenversicherung bezahlt worden, dann ist die Bundesversicherungsanstalt für Angestellte oder auf Antrag der Träger der Rentenversicherung der Arbeiter zuständig.

Unfallversicherung

Neben der Rentenversicherung sind die Pflegepersonen während ihrer pflegerischen Tätigkeit in den Schutz der gesetzlichen Unfallversicherung einbezogen.

Die Rückkehr in das Erwerbsleben wird aus Hilfen der Arbeitslosenversicherung gefördert.

Altersversorgung und Scheidung

Kurz vor Erreichen der Altersgrenze von 65 Jahren läßt Martin sich ausrechnen, mit welcher Rente er monatlich rechnen kann. Nachdem dies DM 2 500,00 sein sollen und er darüber hinaus noch aus Lebensversicherungen und der betrieblichen Altersversorgung Gelder erwarten kann, beschließt er, sich scheiden zu lassen, denn schon seit längerer Zeit lebt er von seiner Ehefrau getrennt. Seine Rente und andere Erträge reichen für ihn aus.

Derjenige Ehegatte, der während der Ehe keine oder nur geringfügige Anwartschaften zur Altersversorgung aufbauen konnte, soll an den Versorgungsanwartschaften des anderen Ehegatten beteiligt werden. Der auszugleichende Anteil beträgt die Hälfte des Wertunterschiedes der in der Ehe erworbenen Versorgungsanwartschaften beider Ehegatten. Dies bedeutet, daß für jeden Ehegatten die Rentenanwartschaften errechnet werden müssen und daß dann der Ehegatte mit werthöheren Anwartschaften dem anderen gegenüber ausgleichspflichtig wird.

Ausgleichspflicht

Das Familiengericht, das die Scheidung durchführt, errechnet den Unterschiedsbetrag und führt durch Urteil den Versorgungsausgleich durch. Hier ein Beispiel:

Endurteil

1. Die am 2.7.1982 vor dem Standesbeamten des Standesamtes München III (Heiratsregisternummer ...) geschlossene Ehe der Parteien wird geschieden.

2. Zu Lasten der Versorgung des Antragsgegners bei der Landeshauptstadt München Versorgungs- und Sozialabteilung werden auf dem Versicherungskonto Nr. ... der Antragstellerin bei der Bundesversicherungsanstalt für Angestellte in Berlin Rentenanwartschaften von monatlich DM 160,55 bezogen auf den 31.10.1995 begründet. Der Monatsbetrag der Rentenanwartschaften ist in Entgeltpunkte umzurechnen.

3. Die Kosten des Rechtsstreits werden gegeneinander aufgehoben.

Versorgungsausgleich

Nach § 1587/I BGB sind im Versorgungsausgleich die in der Ehezeit erworbenen Versorgungen auszugleichen. Die Ehezeit beginnt mit dem ersten Tag des Eheschließungsmonats und endet mit dem letzten Tag des Monats, welcher dem Monat vorausgeht, in welchem der Scheidungsantrag zugestellt wurde (§ 1587/II BGB):

Die Ehezeit begann am 1.7.1982.
Sie endete am 31.10.1995.
In dieser Zeit haben die Parteien folgende Anrechte erworben:

A. Anwartschaften der Antragstellerin

1. Bei der Bundesversicherungsanstalt für Angestellte in Berlin — DM 555,32
   Versicherungsnr. ...
   Die Bewertung erfolgt nach 1587a/II Nr. 2 BGB.

2. Bei der Kirchlichen Zusatzversorgungskasse ...
   Monatsrente 150,12 DM
   Der Wert der Versorgung steigt in vergleichbarer Weise wie der Wert der gesetzlichen Rentenversicherung oder der Beamtenversorgung (volldynamische Versorgung nach § 1587a/I BGB). Eine Umrechnung ist nicht erforderlich. Es handelt sich um den Ehezeitanteil der Versorgung.
   Der Versorgungsträger läßt die Realteilung nicht zu. Es handelt sich um einen inländischen öffentlichrechtlichen Versorgungsträger.

Das ergibt folgende Übersicht:	
splittingfähig gem. § 1587b/I BGB mit EP:	DM 555,32
Quasisplitting nach § 1/III VAHRG:	DM 150,12
insgesamt:	DM 750,44

B. Anwartschaft des Antragsgegners

1. Bei der Landeshauptstadt München Versorgungs- und Sozialabteilung — DM 1 026,54
   Die Bewertung erfolgt nach § 1587a/II Nr. 1 BGB.

insgesamt:	DM 1 026,54
Nach § 1587a/I BGB ist der Ehegatte mit den höheren Anrechten ausgleichspflichtig:	
DM 705,44 – DM 1026,54 =	– DM 321,10
Ausgleichspflicht des Antragsgegners:	DM 160,55
Nach § 1587b/II BGB hat der Versorgungsausgleich durch Quasisplitting zu erfolgen in Höhe von:	DM 160,55
	DM 677,48

Die Anordnung der Umrechnung in Entgeltpunkte folgt § 1587b/VI BGB.

Nicht nur Ansprüche in der gesetzlichen Rentenversicherung werden ausgeglichen, gleiches gilt auch für Ansprüche auf Versorgung nach beamtenrechtlichen Vorschriften sowie für unverfallbare Anwartschaften aus betrieblichen Altersversorgungen und Versorgungswerken der freien Berufe.

Ausgleich der Renten-anwartschaft

Im oben geschilderten Fall ist Martin zu raten, sich noch einmal genau zu überlegen, ob er sich scheiden lassen will. Im Falle einer Scheidung reduziert sich nämlich sein Altersruhegeld sowie die Leistungen aus der betrieblichen Altersversorgung. Will Martin verhindern, daß seine Rente gekürzt wird, so muß er für seine begünstigte Ehefrau so viele Beiträge bzw. einen Kapitalbeitrag in die Rentenversicherung einbezahlen, daß der auszugleichende Betrag erreicht wird. Ob dies sinnvoll und zu leisten ist, das kann jeder nur für sich entscheiden. Letztendlich hängt es von den finanziellen Verhältnissen und auch von der Lebenserwartung ab. Eine Rentenanwartschaft in Höhe von DM 100,00 auszugleichen, erfordert 1997 einen Kapitaleinsatz von ca. DM 25 000,00.

Teil 2
Private Altersvorsorge

Wer heute in Rente geht und dabei ausschließlich auf die gesetzliche Rentenversicherung angewiesen ist, muß seinen Lebensstandard deutlich einschränken. Denn die gesetzliche Rentenversicherung bietet nur eine Grundversorgung.
Bei 40 Versicherungsjahren betrug 1993 die Bruttorente bezogen auf das Bruttogehalt 43,3 % und die Nettorente bezogen auf das Nettogehalt 61 % (Quelle: VdR, Rentenversicherung in Zahlen, November 1994).
Übersteigt das Einkommen die Beitragsbemessungsgrenze, wird die Relation noch deutlich ungünstiger.

Ein Angehöriger des mittleren Managements, der 1958 in das Berufsleben eingetreten ist und seitdem die Höchstbeiträge in die gesetzliche Rentenversicherung eingezahlt hat, bezog vor seiner Pensionierung 1993 ein Monatsbruttogehalt von DM 12 000,00. Netto verblieben ihm, wenn man die Steuerklasse III und Kinderfreibeträge zugrundelegt, ca. DM 7 260,00. Die gesetzliche Rente beträgt nun monatlich etwas mehr als DM 3 000,00.

Gewohnter Lebensstandard im Alter

Die Versorgungslücke macht in unserem Beispiel also DM 4 260,00 oder 59 % des Nettogehaltes aus. Diese nüchterne Bestandsaufnahme zwingt nahezu alle Einkommensgruppen der Arbeitnehmer zu einer ergänzenden Vorsorge aus eigener Initiative, wenn der gewohnte Lebensstandard im Alter annähernd erhalten bleiben soll. Bei der Planung des eigenen Versorgungsbedarfs für Alter und Berufs- oder Erwerbsunfähigkeit sowie dem möglicher Hinterbliebener ist unbedingt zu berücksichtigen, daß die laufenden Verpflichtungen des Haushaltes weiterbestehen und der Bedarf insbesondere im Alter nicht geringer wird als während des Arbeitslebens.

Änderung der Ausgabearten im Alter

Es ändern sich eigentlich nur die Ausgabearten, denn es werden zunehmend Ausgaben für Dienstleistungen anfallen, die ein jüngerer Mensch nicht benötigte oder selbst erbringen konnte. Dies beginnt bei einfachen Handwerks- und Gartenarbeiten und endet bei der Hilfe im alltäglichen Leben, bei Besorgungen, Einkäufen und Pflegediensten. Die Pflegeversicherung deckt hierbei nur Teile ab.

Auch Reisen und eine qualitätsvolle Nutzung der Freizeit muß bei der Vorsorgeplanung berücksichtigt werden, soll der lang ersehnte Ruhestand zum erfüllten Lebensabschnitt werden.

Es ist daher ein Trugschluß zu glauben, die Zeit nach dem Arbeitsleben könnte man mit geringerem Einkommen bestreiten. Auch wenn die Ausbildung der Kinder abgeschlossen und das Einfamilienhaus oder die Eigentumswohnung bezahlt sind: Durch mehr Freizeit bei immer höherer Lebenserwartung und den zunehmenden Verlust an Selbständigkeit und Mobilität entstehen andere, gleichermaßen kostenintensive Bedürfnisse. Darüber hinaus ist es das Ziel vieler Menschen, die größere persönliche Freiheit nun angemessen zu nutzen. Und wer kein Wohnungseigentum erwerben konnte oder wollte, möchte seine Wohnung nicht verlassen, muß aber stets mit einer Mieterhöhung rechnen, die über die gesetzliche Rentenanpassung nicht aufgefangen werden kann.

Miete

Im folgenden soll herausgearbeitet werden, welche Anforderungen eine eigenverantwortlich aufgebaute Vorsorge erfüllen muß, um dem geschilderten Bedarf gerecht werden zu können.

Sicherheit des Einkommens

Man muß sich bewußt machen, daß durch die Beendigung des Arbeitsverhältnisses an die Stelle des bisherigen Einkommens ein anderes, aber gleichermaßen sicheres Einkommen treten soll. Als Altersvorsorge können daher nur diejenigen Möglichkeiten in Betracht kommen, die ein Einkommen ersetzen können.

> Das bisherige Einkommen eines Arbeitnehmers zeichnet sich dadurch aus, daß es pünktlich überwiesen wird, in seiner Höhe bekannt ist und regelmäßig bezahlt wird. Das neue Einkommen muß diesen qualitativen Merkmalen entsprechen.

Kalkulierbarkeit

Die Kalkulierbarkeit ist das wesentliche Element der Alters-, Invaliditäts- und Hinterbliebenenversorgung. Der Bezieher von Alterseinkommen, z. B. aus Renten oder aus Kapitaleinkünften, muß mit diesen Einkommensteilen dauerhaft rechnen können, wenn er daran seine Lebenshaltung ausrichtet. Wenn aber die Leistungen unseres staatlichen Sozialversicherungssystems – wie gezeigt – nur zum Teil der Finanzierung des Lebensunterhalts dienen, muß das zusätzliche, privat aufgebaute Alterseinkommen ein zentrales Merkmal erfüllen: Es muß kalkulierbar sein. Kalkulierbar heißt, daß die im Alter oder bei Invalidität bzw. Tod zu erwartenden Zahlungen nach menschlichem Ermessen in der Höhe sicher sind. Dies gilt insbesondere auch dann, wenn der Hauptverdiener der Familie erwerbsunfähig wird oder stirbt.

Die Kalkulierbarkeit kann durchaus mit der gesetzlichen Rentenversicherung erreicht werden. Es sind hierbei aber einige Voraussetzungen notwendig. Die Finanzierung der heutigen Renten erfolgt durch die Beitragszahler. Die gesetzliche Rentenversicherung kann letztlich nur das für Renten ausgeben, was sie heute auch durch die Beiträge ihrer Versicherten einnimmt. Sie finanziert sich nach diesem Umlagesystem. Nur wenn die Beiträge der Erwerbstätigen den Rentenansprüchen der Rentenempfänger entsprechen, kann eine Rente in ausreichender Höhe gezahlt werden. Nimmt die Zahl der Rentner zu – durch die gestiegene Lebenserwartung werden die Menschen immer älter – und/oder nimmt die Anzahl der Beitragszahler ab – durch hohe Arbeitslosigkeit oder weniger Geburten pro Jahrgang –, so reichen die Einnahmen der gesetzlichen Rentenversicherung nicht mehr aus und die Renten müssen korrigiert werden. Da in der Zukunft nicht damit zu rechnen ist, daß die Zahl der Arbeitslosen sich entscheidend verringern wird, und da außerdem die Unwägbarkeit von Gesetzesentscheidungen – Umbau des Sozialstaates, Besteuerung von Renten usw. – berücksichtigt werden muß, erfüllt die gesetzliche Rentenversicherung nicht die Voraussetzungen der Kalkulierbarkeit/Berechenbarkeit.

Gesetzliche Rente unkalkulierbar

Sie haben als rentenversicherte Person der Sache nach wohl einen Anspruch auf Rente. Wie hoch sie letztlich ausfällt, bleibt ungewiß.

> Nach alldem bleibt nur übrig, die eigene private Vorsorge für Alter, Invalidität und Tod auf der Grundlage eines anderen Finanzierungssystems aufzubauen. Als Alternative bleibt Ihnen nur das System der Kapitalansammlung. Die Kapitalansammlung lebt von zwei wesentlichen Voraussetzungen, die sinnvoll zusammenspielen müssen: erstens der Zeit zum Aufbau und zweitens der Sicherheit über die gesamte Zeit.

Verläßliche Fälligkeit

Die Kalkulierbarkeit hängt mit der Sicherheit der Kapitalanlage während des gesamten Sparvorganges, der verläßlichen Fälligkeit sowie der im voraus bestimmbaren sicheren Höhe der Leistungen zusammen. Möchten Sie in Ihrem „Dritten Lebensabschnitt" eine private Rente beziehen, muß sichergestellt sein, daß diese über die gesamte Laufzeit, üblicherweise Ihr Leben lang, in vorgesehener Höhe gezahlt wird.

Dies kann man nur erreichen, wenn die Kapitalansammlung während der Ansparphase möglichst sicher erfolgt. Die Gesellschaften und Institute, die mit Ihrem Geld arbeiten, sollten es nach den Grundsätzen der Mischung der Anlagearten (mündelsicher, Rentenpapiere, Aktien usw.) und der Streuung nach Anlagen und Standorten (Risikostreuung) anlegen. Wird nach diesen Grundsätzen verfahren, so wird nach menschlichem Ermessen die Kalkulierbarkeit und Sicherheit der Leistung gewährleistet sein.

Die Sicherheit und Kalkulierbarkeit der Leistungen ist deshalb so wichtig, weil man den Zeitpunkt – gerade bei Tod und Invalidität –, zu denen die Leistungen fällig werden, im voraus nicht kennt und sie sich jeder menschlichen Beeinflussung entziehen.

Feste Kalkulierbarkeit

Aus der Sicht des Arbeitnehmers ist es wichtig zu wissen, ob der Aufwand für den Aufbau eines solchen Vermögens zur Versorgung im Alter und zur Vorsorge bei Berufsunfähigkeit und Tod fest kalkulierbar oder schwankend ist, ob also dem Haushaltsbudget keine Überraschungen drohen. Der Vertragspartner, der es übernommen hat, das Vorsorgevermögen aufzubauen, sollte daher – wenn überhaupt – nur in vorher genau festgelegten Grenzen das Recht haben, die Monatsbeträge selbst zu ändern. Schon gar nicht sollte derjenige, der mit Ihrem Geld arbeitet, zu Veränderung der monatlichen Beträge wegen selbst verursachter Fehlentscheidungen – zum Beispiel bei einer „unglücklichen“ Kapitalanlage – berechtigt sein. Auch die bei der Gesellschaft anzusetzenden Neben- und Verwaltungskosten der Kapitalanlage müssen festliegen, weil bei einer Erhöhung ein Arbeitnehmer den zusätzlichen Aufwand für seinen Versorgungsvermögensaufbau möglicherweise nicht mehr aufbringen kann und dann das Ziel nicht erreicht, wenn die vorgesehene Sparrate teilweise für die Kosten verwendet wird.

Derjenige, der sich eine private Vorsorge für das Alter und auch für die Berufsunfähigkeit aufbaut, hat bei Wegfall seines Einkommens ein Interesse daran, eine Leistung zu erhalten, die ihrer in Aussicht gestellten Höhe nach ebenso sicher ist wie sein bisheriges Einkommen. Bei den Sozialversicherungsträgern wie BfA oder LVA wird diese Rente durch Gesetze und durch die Rentenformel gewährleistet – vorausgesetzt, es wird nichts zu Lasten der Rentenempfänger geändert.

Kapitalansammlung

Da auch bei Ihrer privaten Vorsorge der Zeitpunkt für die Zahlung von Leistungen – außer bei der Altersversorgung – nicht feststeht, kann das Ziel der Vorsorge nur durch spezielle Gestaltungsformen der Kapitalansammlung (Versicherungen) erreicht werden.

Ihnen muß z. B. für Berufsunfähigkeit, Tod oder beim Erreichen der Altersgrenze eine garantierte Leistung in Form einer Kapitalsumme oder einer laufenden Rente zu einem festen Sparanteil zugesichert werden. Diese garantierten Leistungen stellen ein einklagbares Versprechen dar, das Sie auch bei Gericht geltend machen können.

Neuanlage nach Auszahlung

Wer seine Vorsorge für Alter und/oder Invalidität so plant, daß zu einem vorher bestimmten Zeitpunkt ein bestimmter Geldbetrag ausbezahlt wird, muß nach der Auszahlung des Betrags über die Verwendung des Geldes neu entscheiden, d. h., das Geld muß dann wieder angelegt werden.

Die gesetzliche Rentenversicherung allein kann immer weniger die Altersversorgung sicherstellen. Es wird deshalb immer wichtiger, größere Einkommensteile dem Konsum zu entziehen und damit die private Altersvorsorge zu betreiben, denn nur so kann das Ziel, versorgt zu sein, mit größtmöglicher Sicherheit erreicht werden.

Wenn die Finanzierung des anzusparenden Kapitals oder der Rente aus Ihren Ersparnissen heute sichergestellt werden soll, dann kommt es natürlich auf den Satz an, mit dem Ihr Geld verzinst wird. Die Verzinsung ist so zu wählen, daß auch bei ungünstigen Bedingungen am Kapitalmarkt das Finanzierungsziel, also die Rente oder die Leistung, die Sie haben möchten, auch nach einem sehr langen Zeitraum erreicht wird.

Neben der gesetzlich geregelten Altersversorgung, der Versorgung der Hinterbliebenen und für den Fall der Invalidität gewinnt die Eigenvorsorge immer mehr an Bedeutung. Sie wird immer wichtiger. Hohe Arbeitslosenzahlen, Rentner, die aufgrund gestiegener Lebenserwartung immer länger Rente beziehen, und immer weniger Geburten führen dazu, daß in Zukunft immer weniger Beiträge für die gesetzliche Rentenversicherung zur Sicherung der Renten gezahlt werden.

Freiwilliger Konsumverzicht

Nur durch Ihren freiwilligen Konsumverzicht ist es möglich, ein Versorgungs- und Vorsorgevermögen über einen längeren Zeitraum hinweg anzusparen. Dies um so mehr, wenn es sich bei den Ersparnissen um Ersparnisse aus Arbeitnehmerhaushalten handelt, die in aller Regel nur einen kleinen Teil des Einkommens zurücklegen können. Es ist also wichtig, daß früh die Entscheidung für eine eigenverantwortliche Vorsorge getroffen wird, und zwar schon in einem Alter, in dem man eher an die Freizeitgestaltung denkt als an die langfristige Absicherung eines Bedarfs, der so sicher kommt, wie es sicher ist, daß der Mensch mit jedem Tag älter wird. Wer relativ jung mit dem Sparen anfängt, ist früh daran gewöhnt, und er wird im Laufe der Zeit auch dazu bereit sein, seiner Einkommensentwicklung entsprechend die Sparraten zu erhöhen, um so eine Vorsorge parallel zur Einkommensituation zu gestalten.

Altersvorsorge durch Vermögensanlage in Wertpapieren

Jede Form der Vermögensanlage sollte unter den Gesichtspunkten Sicherheit, Liquidität und Rentabilität betrachtet werden. Bei der Altersvorsorge spielt der Gesichtspunkt der Liquidität nicht die entscheidende Rolle, denn bei der Altersversorgung geht es nicht darum, daß eine Anlage möglichst schnell wieder in Bankguthaben oder Bargeld umgewandelt werden kann. Im Vordergrund sollte vielmehr Sicherheit stehen, d. h. die Erhaltung des angelegten Vermögens. Die Sicherheit einer Kapitalanlage hängt von den Risiken ab, denen sie unterworfen ist. Hierbei sind u. a. zu berücksichtigen die Zuverlässigkeit des Schuldners, das Kursrisiko und das Währungsrisiko bzw. die politischen Verhältnisse insbesondere bei Anlagen im Ausland.

Risiko der Anlage

Die Rendite einer Wertpapieranlage bestimmt sich aus deren Ertrag. Zu den Erträgen zählen Zins- und Dividendenzahlungen sowie die Wertsteigerung durch Kursänderungen. Zins und Dividende können regelmäßig ausgezahlt oder angesammelt werden. Entscheidend ist letztendlich die Rendite, nämlich das Verhältnis von jährlichem Ertrag zum Kapitaleinsatz. Kapitaleinkünften sind einkommensteuerpflichtig.

Rendite

Verzinsliche Wertpapiere

Die klassische Vermögensanlage ist der Erwerb verzinslicher Wertpapiere. Klassiker unter den verzinslichen Wertpapieren sind die Sparbriefe. Diese sind mit geringem Risiko behaftet und bringen mehr Geld als beispielsweise Festgelder. Sparbriefe sind erhältlich bei Banken und Sparkassen; eine Mindestanlage von DM 500,00 ist die Regel. Auch hier ist es natürlich wichtig, die zugesagten Zinsen zu vergleichen. Unterschiede von bis zu 1,62 Prozentpunkten waren beispielsweise im November 1996 festzustellen. Derartige Sparbriefe können entweder zum Nominalwert von beispielsweise DM 5 000,00 erworben werden und werden dann nach Ablauf einer Laufzeit, beispielsweise vier Jahre, mit dem angegebenen Satz verzinst. Es ist auch möglich, einen abgezinsten Sparbrief zu erwerben. In diesem Falle wird ein Betrag bezahlt, der unterhalb des Nominalwertes liegt, nach Ablauf der Laufzeit wird dann der Nominalwert ausbezahlt: ein Sparbrief über DM 5 000,00, fällig nach vier

Sparbriefe

Nominalwert

Jahren mit dem Nominalwert DM 5 000,00; Kaufpreis DM 4 074,55, Verzinsung 5,25 %.
Die Anlage von Geldern in einem Sparbrief kann also durchaus eine Alternative sein zu Schuldverschreibungen der öffentlichen Hand (Obligationen). Diesen gegenüber hat jedoch ein Sparbrief den entscheidenden Nachteil, daß er vor dem Fälligkeitstermin nicht zu Geld gemacht werden kann. Die Anlage in Sparbriefen ist deshalb nur ratsam, wenn vor Beendigung der Laufzeit die entsprechenden Beträge mit Sicherheit nicht benötigt werden.

Obligationen

Auch Anleihen, Renten, Bonds oder Obligationen sind fest verzinsliche Wertpapiere. Sie sind auf den jeweiligen Inhaber lautende Schuldverschreibungen, die mit einer festen oder variablen Verzinsung ausgestattet sind und eine vorgegebene Laufzeit und Tilgungsform haben.

Verzinsliche Wertpapiere werden entweder als Einzelurkunden ausgedruckt oder als Schuldverschreibungsreihe in einer Sammelurkunde verbrieft, die dann bei der Deutschen Kassenverein AG hinterlegt wird. Einzelurkunden können an den Kunden selbst ausgeliefert und von diesem selbst verwahrt werden.
Anleihen werden zum Nennwert – das ist der Wert, der auf der Urkunde aufgedruckt ist – bzw. mit einem darunter- oder darüberliegenden Wert ausgegeben. Wird ein Abschlag vorgenommen, nennt man dies Disagio; ein Aufschlag wird als Agio bezeichnet.

Disagio, Agio

Anleihen können als Vermögensanlage auf zwei Arten Ertrag bringen: zum einen in Form von Zinszahlungen, zum anderen in Form von Wertsteigerungen bei Kursanstieg.

Bedingungen

Die Anleihebedingungen regeln die rechtlichen Beziehungen zwischen Ausgeber (Emittent) und Anleger. Dazu zählen insbesondere Laufzeit, Tilgung, Verzinsung, Währung und Rang im Konkursfall oder bei Liquidation des Schuldners.

Laufzeit

Die Laufzeit bezeichnet den Zeitraum zwischen dem in den Anleihebedingungen genannten Verzinsungsbeginn und der Fälligkeit der Anleihe. Je nach Laufzeit unterscheidet man zwischen kurzfristigen, mittelfristigen und langfristigen Anleihen.

Tilgung

Die Tilgung kann entweder über planmäßige oder über außerplanmäßige Rückzahlungen erfolgen. Planmäßig bedeutet hierbei jedoch nicht, daß bereits bei Anlagebeginn der Rückzahlungszeitpunkt feststeht.

Es gibt vielmehr drei Varianten:

- Gesamtfällige Anleihen: Hierbei wird der Nennwert in einer Summe am Ende der Laufzeit zurückgezahlt. Bei dieser Variante liegt also der Zeitpunkt fest, zu dem das Kapital zur Verfügung steht.
- Annuitätenanleihen: Diese werden in mehreren gleichbleibenden Jahresraten zurückbezahlt. Die Rückzahlung beginnt meist nach einem Zeitraum von drei bis fünf Jahren.
- Auslosungsanleihen: Die Rückzahlung erfolgt nach einer Anzahl tilgungsfreier Jahre zu verschiedenen Terminen. Der Emittent ermittelt über ein Auslosungsverfahren (Endziffern oder ähnliches) die Wertpapierurkunden, die am nächsten fälligen Rückzahlungstermin zurückgezahlt werden.

Eine außerplanmäßige Rückzahlung kann in den Anleihebedingungen so vereinbart werden, daß nach einigen kündigungsfreien Jahren eine außerplanmäßige Rückzahlung (nach entsprechender Kündigung) erfolgt.
Die Verzinsung ist in den Anleihebedingungen geregelt. Möglich sind feste Zinsen, variable Zinsen und entsprechende Mischformen.

Festzins

Festzinsanleihen haben eine gleichbleibende feste Verzinsung (Nominalzins) für die gesamte Laufzeit. Der Zins wird in Deutschland meist jährlich, in anderen Ländern überwiegend halbjährlich nachträglich ausgezahlt. In der Regel sind den Wertpapieren Zinsscheine (Coupons) beigefügt, die den Zinsanspruch verbriefen.

Variabler Zinsertrag

Anleihen mit variablen Zinssätzen (Floating-Rate-Notes = Floater) gewähren keinen festen, sondern einen variablen Zinsertrag. Nach jeder Zinsperiode, zum Beispiel nach Ablauf von 3, 6 oder 12 Monaten, zahlt der Emittent die Zinsen und gibt gleichzeitig den Zinssatz für die neue Periode bekannt. Dieser Zinssatz orientiert sich meist an Geldmarktsätzen. (Der Geldmarktsatz ist der Zinssatz, zu dem Banken in London bzw. Frankfurt bereit sind, Gelder bei anderen Banken kurzfristig anzulegen.) Die Gestaltungsmöglichkeiten sind bei variabel verzinslichen Anlagen sehr vielfältig. Es kann beispielsweise eine Mindestverzinsung vereinbart sein (Floor-Floater); dabei wird eine Mindestmarke für die Verzinsung festgelegt. Für den Fall, daß der Zinssatz diese Größe unterschreitet, werden dem Anleger Zinszahlungen in Höhe des Mindestsatzes garantiert. Ist die Verzinsung auf einen Höchstbetrag festgelegt, so handelt es sich um sogenannte Cap-Floater.

Zero-Bonds

Es gibt auch Anleihen, die nicht mit Zinscoupons ausgestattet sind. Es handelt sich dabei um sogenannte Zero-Bonds. Anstelle periodi-

scher Zinszahlungen stellt hier die Differenz zwischen dem Rückzahlungskurs und dem Ausgabekurs (Emissionskurs) den Zinsertrag bis zur Endfälligkeit dar. Der Anleger erhält also nur eine Zahlung, nämlich den Verkaufserlös mit einem vorzeitigen Verkauf oder den Tilgungserlös bei Fälligkeit.
In der Regel werden Zero-Bonds mit einem hohen Abschlag (Disagio) ausgegeben und am Tilgungszeitpunkt zum Kurs von 100% zurückgezahlt. Je nach Laufzeit, Schuldnerbonität (Zuverlässigkeit des Schuldners) und Kapitalmarktzinsniveau liegt der Emissionskurs mehr oder weniger deutlich unter dem Rückzahlungskurs. Je größer die Differenz zwischen Ausgabekurs und Rückzahlungskurs, um so größer die Gewinnchancen, aber um so höher auch das Risiko, daß die Erwartungen sich nicht erfüllen und das investierte Geld verloren ist.
Als Anleger kann man wählen zwischen Anleihen, die auf Deutsche Mark, auf ausländische Währung oder auf eine Rechnungseinheit, z. B. ECU (European Currency Unit, engl.; Europäische Währungseinheit), lauten.
Eine Sonderform stellen die Doppelwährungsanleihen dar. Bei diesen können Zins- und Kapitalrückzahlung in verschiedenen Währungen erfolgen, unter Umständen wird dem Anleger oder dem Emittenten ein Wahlrecht eingeräumt.
Geregelt ist in den Anleihebedingungen auch der Rang der Forderung im Falle des Konkurses oder der Liquidation, das heißt der Auflösung des Kapitals des Emittenten. Hier ist für den Anleger wichtig, daß er mit seiner Forderung vorrangig vor anderen Gläubigern bedient wird.

Wandelanleihen

Der Markt stellt auch weitere Sonderformen von Anleihen zur Verfügung, z. B. Wandelanleihen, sogenannte „Aktien auf Abruf". Hierbei wird dem Anleger das Recht eingeräumt, die Wandelanleihen zu einem bestimmten Zeitpunkt oder innerhalb eines bestimmten Zeitraums zu einem bestimmten Verhältnis in Aktien der emittierenden Gesellschaft umzutauschen. Wird von dem Wandlungsrecht kein Gebrauch gemacht, behalten die Anlagen ihren Charakter als festverzinsliche Wertpapiere.
Optionsanleihen sind „Anleihen mit Bezugsrecht", d. h. sie verbriefen ein Recht zum Aktienbezug, allerdings nicht alternativ, sondern zusätzlich zur Anleihe.
Als Emittenten verzinslicher Wertpapiere treten unterschiedliche Institutionen auf. Für den Anleger ist die Finanzkraft und die Bonität des jeweiligen Emittenten von Bedeutung, denn das wirkt sich auf die Sicherheit der Anleihe aus.

Schuldverschreibungen

Klassische Anleihen sind die Schuldverschreibungen der öffentlichen Hand. Die öffentliche Hand, d. h. Bund, Länder und Gemeinden sowie die Sondervermögen, z. B. Bahn und Post, bedienen sich zur Finanzierung ihres Kapitalbedarfs u. a. der öffentlichen Anleihen.

Bundesanleihen sind im allgemeinen die langfristigen, an der Börse gehandelten Schuldverschreibungen des Bundes mit einer Laufzeit zwischen 10 und 30 Jahren, Bundesobligationen sind Schuldverschreibungen mit einer Laufzeit von fünf Jahren. Beide Anleiheformen sind mit einem festen Nominalzins ausgestattet; die Ausgabepreise sind variabel.

Bundesschatzbriefe

Bundesschatzbriefe sind mittelfristige Schuldverschreibungen des Bundes, die mit einem Festzins ausgestattet sind, der im Verlauf der Anlagezeit steigt. Bei Typ A (Laufzeit sechs Jahre) erfolgen Emission und Rückzahlung zum Nennwert, die Zinsen werden jährlich nachträglich bezahlt. Auch Typ B (Laufzeit sieben Jahre) wird zum Nennwert ausgegeben. Die Zinsen werden allerdings während der Laufzeit gesammelt und zusammen mit dem Kapital bei Fälligkeit ausbezahlt.

Finanzierungsschätze

Finanzierungsschätze sind kurzfristige Schuldverschreibungen des Bundes (Laufzeit ein oder zwei Jahre), wobei die Verzinsung durch Zinsabzug vom Nennwert erfolgt, d. h., die Finanzierungsschätze werden mit einem Disagio emittiert und bei Fälligkeit zum Nennwert zurückbezahlt.

Die Schuldverschreibungen des Bundes werden als sogenannte Wertrechte vergeben, d. h., es gibt keine entsprechende Wertpapierurkunde. Die Rechte werden in das Bundesschuldenbuch eingetragen.

Bankschuldverschreibungen

Unter dem Begriff Bankschuldverschreibungen werden alle Schuldverschreibungen zusammengefaßt, die von Kreditinstituten ausgegeben werden. Hierunter fallen auch Pfandbriefe, die in voller Höhe durch Grundpfandrechte bzw. Kredite an öffentliche Schuldner gesichert sind.

Industrieanleihen

Industrieanleihen sind Schuldverschreibungen der Wirtschaft, Emittenten sind Unternehmen aus Industrie und Handel.

Bewertung

Wie oben bereits dargelegt, ist bei der Vorsorge für das Alter der Aspekt Sicherheit von entscheidender Bedeutung. Unter der Sicherheit eines Wertpapiers wird die Wahrscheinlichkeit verstanden, daß das angelegte Kapital zurückbezahlt wird. Unabhängig von Kurs- und Währungsrisiken ist also die Sicherstellung der Kapitalrückzahlung durch den Emittenten wichtig.

Bei den von öffentlichen Schuldnern – egal ob in- oder ausländisch – ausgegebenen Schuldverschreibungen liegt die Sicherheit in der Finanzkraft des Emittenten, insbesondere in dessen Recht, Steuern zu erheben und einzunehmen.

Pfandbriefe

Die Sicherheit gedeckter Bankschuldverschreibungen (Pfandbriefe) besteht darin, daß in gleicher Höhe durch Grundpfandrechte gesicherte Forderungen bestehen.

Mündelsichere Wertpapiere

Bestimmte Anlageformen gelten als besonders sicher, so sicher, daß der Gesetzgeber sie einem „Vormund, der Geld für sein Mündel anlegt", empfiehlt. Dies sind die sogenannten „mündelsicheren Wertpapiere", zu denen öffentliche Anleihen, Pfandbriefe und Kommunalobligationen, andere vom Bund oder an ein Land verbürgte und gewährleistete Schuldverschreibungen, Anleihen verschiedener Kreditinstitute mit Sonderaufgaben sowie sonstige Schuldverschreibungen von Kreditinstituten, die einer für die Anlage ausreichenden Sicherheitseinrichtung angehören, zählen.

Bei der letztgenannten Art von Wertpapieren ist das Sicherheitsrisiko einerseits denkbar gering, andererseits ist in diesen Fällen die Rendite auch nicht besonders hoch. Eine erstklassige Schuldnerbonität ist nämlich in der Regel mit einer geringeren Rendite verbunden.

Risiko und Rendite

Der Anleger muß sich also entscheiden, ob er für ein höheres Sicherheitsniveau eine geringere Rendite in Kauf nimmt. Als Faustregel gilt, daß das Risiko für Anleger um so höher ist, je mehr die Rendite des Einzelwertes von der üblichen Marktrendite nach oben hin abweicht.

Aktien

Mit dem Erwerb der Aktie wird der Aktionär Mitinhaber des Unternehmens, er beteiligt sich an der wirtschaftlichen Entwicklung der Gesellschaft. Damit trägt der Aktionär auch das unternehmerische Risiko. Im Extremfall, d. h. bei Konkurs des Unternehmens, kann ein Aktieninvestment einen vollständigen Verlust des Anlagebetrags bedeuten. Darüber hinaus trägt der Aktionär das Risiko der Kursschwankungen.

Die Aktienkurse weisen unvorhersehbare Schwankungen auf. Kurz-, mittel- oder langfristige Aufwärts- und Abwärtsbewegungen lösen einander ab, ohne daß ein fester Zusammenhang für die Dauer der einzelnen Phasen erkennbar wäre. Zwar wird grundsätzlich bei einer wirtschaftlichen gesunden Situation des Unternehmens der Aktienkurs entsprechend hoch sein bzw. steigen, es kann jedoch nicht ausgeschlossen werden, daß trotz guter wirtschaftlicher Entwicklung die Aktie eines Unternehmens nicht angemessen bewertet wird.

Weil bei der Altersvorsorge ein ausschlaggebender Gesichtspunkt der Fälligkeitszeitpunkt ist, ist deshalb der Erwerb von Aktien nicht so optimal. Soll zu einem bestimmten Zeitpunkt das investierte Kapital zur Verfügung stehen, ist der Anleger auf den Verkauf seiner Aktien angewiesen, ohne daß er Einfluß auf den Kurs nehmen kann.

Außerdem ist der Aktienmarkt „irrational", d. h., sein Verhalten ist nicht vorherseh- oder gar berechenbar. Trotzdem wird nach allgemeiner Einschätzung die Investition in Aktien zunehmen.

Kosten einer Aktie

Bei dem Erwerb von Aktien fallen nicht unerhebliche Kosten an, nämlich 1 % vom Kurswert, mindestens DM 30,00, der zu erwerbenden Aktie. Auf diese Weise kann ein möglicher Kursgewinn leicht durch die Kosten geschmälert werden.

Investmentfonds

Risikomischung

In einem Investmentfond bündelt eine Kapitalanlagegesellschaft die Gelder vieler Anleger, um sie nach dem Prinzip der Risikomischung in verschiedenen Vermögenswerten anzulegen und zu verwalten. Erfolgt die Anlage nur in Immobilien, so handelt es sich um einen Immobilienfonds, werden die Gelder nur in Aktien angelegt, so handelt es sich um einen Aktienfonds.

Mit dem Kauf von Investmentanteilscheinen wird der Erwerber Miteigentümer am Fondsvermögen.

Der Wert eines einzelnen Anteils richtet sich nach dem Wert des gesamten Fondsvermögens. Bei dem Erwerb von Investmentanteilscheinen erhält das Geld der Fonds. Auf die Zusammensetzung des Fondsvermögens ist eine Einflußnahme nicht mehr möglich. Die konkreten Anlageentscheidungen trifft das Management der Fondsgesellschaft.

Investmentfonds unterliegen dem Risiko sinkender Anteilspreise, da sich darin die Kursrückgänge der im Fonds gesammelten Aktien widerspiegeln. Auch eine breite Streuung des Fondsvermögens nach verschiedenen Gesichtspunkten kann nicht verhindern, daß sich eine rückläufige Gesamtentwicklung in den Rückgängen bei den Anteilspreisen niederschlägt.
In den letzten Jahren war sicherlich gut beraten, wer sein Vermögen in Investmentfonds angelegt hat. Unterschiedlichste Fonds konnten in den letzten Jahren nicht unerhebliche Wertsteigerungen verzeichnen. Der Presse konnte man entnehmen, daß z. B. Wertentwicklungen von knapp 130 % innerhalb von neun Monaten festzustellen waren. Von einer derartigen Rendite kann man nur träumen. Die tatsächliche und langfristige Entwicklung sieht nämlich etwas anders aus.
Entscheidend ist natürlich auch hier der Zeitpunkt, zu dem der Anleger in Fonds investierte. Wer zu Zeiten kauft, wo die Aktienkurse auf hohem Niveau stehen, muß damit rechnen, daß eine Wertsteigerung des Fonds nicht kurzfristig eintritt. Im Gegenteil: Bei einem Kursrückgang kommt es sogar zum Verlust. Vor der Abschöpfung des Gewinns ist auch zu berücksichtigen, daß der Erwerb der Anteile nicht kostenlos ist. Beim Verkauf der Anteile wird nämlich eine Gebühr, der sogenannte Ausgabeaufschlag, erhoben. Diese Ausgabeaufschläge belaufen sich auf 0,5 % bis zu 8 % oder 9 % des Anteilwertes. Daraus folgt natürlich auch, daß eine Investition in Fonds unter langfristigen Gesichtspunkten geplant werden sollte, da ansonsten die Ausgabeaufschläge den möglichen Gewinn nicht unerheblich verringern.

Ausgabeaufschlag

Langfristige Investition

Für jeden Investor bieten sich – je nach Risikobereitschaft – verschiedene Möglichkeiten, sein Geld in Fonds anzulegen. Sie sollten also überlegen, ob Sie eher ertragsorientiert, wachstumsorientiert oder chancenorientiert anlegen wollen.

Legen Sie Wert auf einen stabilen und stetigen Kursverlauf, verbunden mit einer attraktiven Rendite und geringem Kursrisiko, dann sollten Sie eine ertragsbetonte Anlage wählen. Das sind beispielsweise Rentenfonds, die in festverzinslichen Wertpapieren mit kurzfristiger Laufzeit anlegen.
Wer eher einen guten Ertrag erwartet, dabei bereit ist, Kurs- und Währungsschwankungen zu akzeptieren, kann beispielsweise in internationalen Rentenfonds investieren. Die entsprechenden Fonds legen ihr Geld in internationalen Rentenpapieren an, können

dadurch die internationalen Zinsvorteile in Anspruch nehmen und das Risiko durch breite Streuung begrenzen.

Spezialfonds

Wer hohe Gewinne erwartet, kann in Spezialfonds investieren, die sich beispielsweise auf den osteuropäischen Aktienmarkt (chancenorientierte Anlage) oder auf Papiere aus dem asiatisch-pazifischen Raum (wachstumsorientierte Anlage) konzentrieren.

Es gibt auch Fonds, die ausschließlich in Immobilien investieren und bei denen die Zahl der Anteile (und damit die Zahl der Teilhaber) beschränkt ist. Dies sind die sogenannten geschlossenen Immobilienfonds. Diese haben sich in den letzten Jahren als relativ resistent gegen Schwankungen erwiesen.

Das Angebot an Fonds ist riesengroß; bei ausländischen Fonds kann ein interessierter Anleger sich zwischen 1000 Anbietern entscheiden. Um dabei nicht die Übersicht zu verlieren, muß der Investor sich also vorher entscheiden, ob er eher ertragsorientiert, wachstumsorientiert oder chancenorientiert investieren will. Nachdem diese Entscheidung getroffen ist, hat er dann die Möglichkeit, sich zwischen den verschiedenen Fonds, nämlich Aktienfonds, Rentenfonds, gemischt angelegten Wertpapierfonds, Immobilienfonds und Spezialitätenfonds zu entscheiden.

Optionsscheine

Der Erwerb von Optionsscheinen ist als seriöse Grundlage für eine gesicherte Altersvorsorge nicht geeignet. Optionsscheine verbriefen das Recht, nicht aber die Verpflichtung, eine bestimmte Menge eines Basiswertes zu kaufen (Call-Optionsscheine) oder zu verkaufen (Put-Optionsscheine). Basiswert kann eine Aktie sein, aber auch Anleihen, Rohstoffe und anderes. Im Hinblick auf die kurze Laufzeit von Optionen und im Hinblick auf das Risiko taugt der Erwerb von Optionsscheinen allein und ausschließlich zur Vermögensbildung.

Kurze Laufzeit und hohes Risiko

Sparbücher – Festgeld

Wer zwar Bargeld zur Verfügung hat, jedoch noch nicht weiß, in welchen Wertpapieren er investieren will, sollte die entsprechenden Beträge keineswegs auf dem Girokonto oder gar zu Hause im Tresor lagern, sondern das Geld bei einer Bank für eine bestimmte Frist „parken“, um dort die sogenannten Festgeldzinsen zu kassieren. Auch beim Anlegen von Festgeld sind erhebliche Zinsunterschiede

festzustellen, so daß es sich empfiehlt, auf jeden Fall verschiedene Angebote einzuholen. Hier sollte der Anleger auch den Weg zu einer relativ kleinen Bank nicht scheuen, denn auch kleine Banken gehören dem Einlagensicherungsfonds an.
Im Einlagensicherungsfonds sind die Banken versichert. Aus dem Einlagensicherungsfonds werden die Gläubiger, also die Bankkunden, befriedigt, sollte das entsprechende Bankunternehmen zahlungsunfähig werden.
Die Anlagedauer bei Festgeld reicht von 30 Tagen bis zu einem halben Jahr. In dieser Zeit kann der Anleger über das Kapital nicht verfügen, er erhält dafür Festgeldzinsen, die beispielsweise im November 1996 zwischen 2,55 % und 3,45 % lagen. Wer Festgeld investieren möchte, benötigt einen Mindestbetrag von DM 10 000,00.

Rendite

Eine ähnlich schlechte Rendite erzielen Sparbücher, da auch hier zwischen 2,5 % und 4,5 % Zinsen bezahlt werden (Stand November 1996). Zwar haben in Deutschland Millionen von Bürgern Gelder auf Sparkonten eingezahlt, eine rentable Verzinsung erfolgt jedoch dabei nicht. Rentabel wird eine Verzinsung erst bei mindestens 5 %.

EXKURS

Steuer – insbesondere § 10 Einkommensteuergesetz

Bevor man jedoch damit beginnt, Vorsorge zu treffen, muß man sich damit auseinandersetzen, welche Möglichkeiten der Kapital- und Versicherungsmarkt bietet, um die unterschiedlichen Risiken abzusichern und das Versorgungsvermögen möglichst optimal aufzubauen.

Kapitallebensversicherung

Nach § 10 des Einkommensteuergesetzes ist dann eine Kapitallebensversicherung sonderausgabenabzugsberechtigt und somit auch in der Auszahlung steuerfrei, wenn folgende grundsätzliche Kriterien der Versicherung eingehalten werden:

Laufzeit

Die Laufzeit des Vertrages darf 12 Jahre nicht unterschreiten. Da die Laufzeit des Vertrages nicht immer mit der Dauer der Beitragszahlung übereinstimmt, hat hier der Gesetzgeber vorgeschrieben, daß die Beitragszahlungszeit nicht kürzer als 5 Jahre sein darf.

Beitragszahlungszeit

Ob die derzeitige steuerliche Regelung auch noch in 10 oder 20 Jahren Bestand haben wird, das ist jedoch zumindest im Hinblick auf den Finanzierungsbedarf des Bundes nicht sicher. Auch der Hinweis, daß Lebensversicherungsbeiträge als Sonderausgaben geltend gemacht werden können, überzeugt nur dann, wenn der Höchstbeitrag bei den Sonderausgaben noch nicht erreicht wurde. Dieser

Höchstbeitrag ist sehr unterschiedlich geregelt; er kann für Ehegatten bei bis zu 16 000,00 monatlich liegen.
Folglich ist die Auszahlung der Lebensversicherung dann steuerfrei, wenn die Beiträge dem § 10 EStG entsprechend als Sonderausgaben abzugsfähig sind.

Versicherungslatein – und was sich hinter den Begriffen verbirgt
Schon das Ausfüllen eines Lebensversicherungsantrages läßt so manchen ins Schwitzen geraten. Deshalb wird dies meistens durch den Versicherungsvertreter/Makler erledigt.

Haftung Richtigkeit der Angaben

Da Sie jedoch den Antrag unterschreiben, haften Sie auch für die Richtigkeit der Angaben. Die Angaben zur Person sind stets gewissenhaft und wahrhaftig zu beantworten. Dies trifft besonders für die Gesundheitsfragen zu, da diese für die Gesellschaft zur Beurteilung des Risikos ausschlaggebend sind. Sind Fragen nicht vollständig oder unwahr beantwortet worden, kann dies zum Verlust des Versicherungsschutzes führen. Lassen Sie sich auf keinen Fall durch den Versicherungsvertreter dazu verleiten, hier leichtfertig zu werden. Denn der Versicherungsvertreter ist natürlich an „guten Risiken" interessiert; nur beim Abschluß des Vertrags erhält er seine Provision.

Gesundheitsfragen

Die Gesundheitsfragen betreffen immer die Person, deren Risiko – zum Beispiel Tod und Berufsunfähigkeit – versichert ist. Deshalb nennt man Sie die versicherte Person.

Versicherungsnehmer

Als Versicherungsnehmer bezeichnet man die Person, die den Vertrag mit der Gesellschaft abschließt. Der Beitragszahler ist derjenige, der die Prämien zahlt.
Außerdem müssen Sie als Versicherungsnehmer bestimmen, wer beim Ablauf des Vertrags die Leistungen als Bezugsberechtigter erhält.

Bezugsberechtigter

Die gleiche Entscheidung müssen Sie für den Eintritt des Versicherungsfalles treffen. Das (übliche) widerrufliche Bezugsrecht kann von Ihnen jederzeit geändert werden; beim unwiderruflichen Bezugsrecht benötigen Sie dazu die Zustimmung des Bezugsberechtigten.

Bezugsrecht

Normalerweise ist ein widerrufliches Bezugsrecht sinnvoll, denn bei Abschluß des Versicherungsvertrags sind zukünftige Entwicklungen ja nicht vorhersehbar. Vielleicht ist die Ehe beim Ablauf des Versicherungsvertrags schon längst geschieden, so daß der Versicherungsnehmer und Prämienzahler gar kein Interesse daran haben kann, seine geschiedene Ehefrau auf diese Weise mit der Versicherungssumme zu bedenken? Ähnliche Probleme können auch ent-

stehen, wenn Kinder als unwiderruflich Bezugsberechtigte eingetragen werden. Man denke nur daran, daß die Kinder schon längst das Haus verlassen haben und nichts mehr von ihren Eltern bzw. vom Versicherungsnehmer wissen wollen.
Normalerweise kommt der Vertrag mit zwei Personen aus: Der Versicherungsnehmer ist gleichzeitig versicherte Person und Beitragszahler. Sicherlich wird er auch beim Ablauf der Versicherung und bei einer Rentenzahlung bei Berufsunfähigkeit bezugsberechtigt sein. Die zweite Person, das ist der Bezugsberechtigte im Todesfall, dem Versicherungsfall einer Lebensversicherung.
Beispiel: Sven hat einen Lebensversicherungsvertrag abgeschlossen und muß nach zehn Jahren feststellen, daß er die Beiträge nicht mehr bezahlen kann.
Um hier die richtige Entscheidung zu treffen, brauchen Sie von der Versicherungsgesellschaft folgende Angaben:

- *Wie hoch ist der Rückkaufswert meiner Versicherung zuzüglich der Überschußanteile?*
- *Wie hoch ist die beitragsfreie Versicherungssumme?*
- *Wie hoch wird die voraussichtliche Ablaufleistung sein, wenn ich heute meine Versicherung beitragsfrei stelle?*

Rückkaufswert

Der Rückkaufswert ist der Betrag, den eine Versicherung bei Aufhebung des Vertrags zurückzahlt, wenn bereits ein gewisses Kapital aus den Beiträgen gebildet wurde. Dies ist bei den meisten Verträgen der Gesellschaft erst nach zwei bis drei Jahren der Fall. Dies bedeutet im Klartext, daß in den ersten Jahren der Rückkaufswert noch nicht einmal annähernd die Summe der bezahlten Beiträge erreicht.

Beitragsfreie Versicherungssumme

Die beitragsfreie Versicherungssumme ist der Betrag, zu dem bis Vertragsende ohne weitere Beitragszahlung Versicherungsschutz besteht. Da sich diese Versicherungssumme aus der Summe der bisher gezahlten Beiträge errechnet, kann diese erheblich unter der vertraglich vereinbarten Versicherungssumme liegen. Die beitragsfreie Versicherungssumme wird am Ende der Laufzeit zuzüglich der Überschußanteile ausbezahlt. Bei der Reduzierung der Versicherung auf die beitragsfreie Summe entfallen alle Zusatzversicherungen.

Risikoversicherungen

Die erste Gruppe der Versicherungen sind die Risikoversicherungen. Diese Versicherungen werden abgeschlossen, um ein ganz bestimmtes Risiko für eine genau festgelegte Zeit abzusichern. Die Risikoversicherung zahlt, wenn das versicherte Risiko während der Vertragslaufzeit eintritt. Sollte während der Vertragslaufzeit dieses Risiko nicht eintreten, so wird auch nichts ausbezahlt.

Die Risikolebensversicherung

Die Risikolebensversicherung zahlt, wenn die versicherte Person während der Vertragslaufzeit stirbt, die vereinbarte Versicherungssumme an die im Vertrag genannte bezugsberechtigte Person. Unfälle und Krankheiten sind als Todesursachen auf jeden Fall abgedeckt. Lediglich bei Selbsttötung in den ersten drei Jahren der Vertragslaufzeit und bei Tod durch kriegerische Ereignisse erbringt die Versicherung keine Leistung.

Tarifbeiträge

Bei der Kalkulation der Tarifbeiträge legen die Versicherer die allgemeinen Sterbetafeln der Gesamtbevölkerung zugrunde. Die tatsächliche Sterbewahrscheinlichkeit von Lebensversicherten ist allerdings bis zu 60 % niedriger als die Sterbenswahrscheinlichkeit der Gesamtbevölkerung, weil bei der Antragsprüfung die Kranken ausgesiebt werden. Diese „Sterblichkeitsgewinne" können auf unterschiedliche Art und Weise verwendet werden. Wenn der Versicherungsnehmer über die gesamte Laufzeit des Vertrags den normalen Tarifbeitrag bezahlt, wird am Ende der Vertragslaufzeit eine zusätzliche Überschußbeteiligung durch den Versicherer ausbezahlt.

Überschußbeteiligung

Sinnvoller ist es jedoch, die Sterblichkeitsüberschüsse dazu zu verwenden, die Beiträge zu verringern. Dies kann auf zwei Arten geschehen.

Beitragsverrechnung

Wenn Sie beim Abschluß des Vertrags die Gewinnverwendung Beitragsverrechnung wählen, erhalten Sie bzw. der Bezugsberechtigte sowohl bei Tod als auch am Ende der Vertragslaufzeit keine zusätzlichen Leistungen. Dies bringt den Vorteil, daß Sie während der Laufzeit einen um ca. 60 bis 70 % günstigeren Beitrag zu entrichten haben.

Allerdings bieten viele Versicherer diese Gewinnverwendung nicht mehr an. Anstelle der Beitragsverrechnung mit den Gewinnanteilen

Todesfallbonus

wird vom Versicherer das System des Todesfallbonus angeboten.

Sie versichern eine Todesfalleistung von DM 100 000. Der Versicherer bildet aus den Gewinnanteilen eine zusätzliche Todesfallversicherungssumme – eben diesen Bonus –, so daß im Todesfalle nicht nur DM 100 000 ausgezahlt werden, sondern bis zu – das ist je nach Gesellschaft unterschiedlich – DM 200 000.

Das bedeutet für Sie in diesem Fall, daß Sie entweder für das gleiche Geld die doppelte Versicherungssumme erhalten oder einen von Ihnen festgelegten Bedarf zum halben Preis absichern können. Wenn Sie den Todesfallbonus in Anspruch nehmen wollen, sollten Sie jedoch folgendes bedenken: Gewinne der Versicherungswirtschaft sind in die Zukunft hinein nur prognostiziert und werden nie garantiert. Deshalb werden auch die Todesfallboni, wie hier z. B. 100 %, nie für die Laufzeit festgeschrieben. Es kann also geschehen, daß der Bonus sich während der Vertragslaufzeit erhöht oder ermäßigt. Im Fall der Reduzierung des Todesfallbonus würde sich auch Ihr Todesfallschutz verringern. Für diesen Fall sollten Sie darauf achten, daß in der Police eine sogenannte Nachversicherungsgarantie gewährt wird. In diesem Fall können Sie Ihren Versicherungsschutz gegen einen Mehrbeitrag ohne neue Gesundheitsprüfung auf die Versicherungssumme erhöhen, die für Sie notwendig ist.

Nachversicherungsgarantie

Versicherungssumme: DM 100 000,00
Todesfallbonus: 100%
Auszahlung im Todesfall: DM 200 000,00
Nach Reduzierung des Todesfallbonus auf 80% würden jetzt nur DM 180 000,00 ausgezahlt werden. Die DM 20 000,00 Differenz können Sie gegen Mehrbeitrag nachversichern.

Varianten der Risikolebensversicherung

Es gibt einige Möglichkeiten, einen an den individuellen Bedürfnissen orientierten Risikolebensversicherungsschutz zu erwerben. Angeboten werden beispielsweise Risikolebensversicherungen mit gleichbleibender Versicherungssumme, mit fallender Versicherungssumme und/oder auf „verbundene Leben".

Welche Form der Risikolebensversicherung für Sie die günstigste ist, hängt von Ihrem persönlichen Bedarf ab. Sie müssen sich fragen, welchen Geldbedarf Ihre Familie in 5, 10 oder 15 Jahren hätte, falls

Sie sterben würden. Wird dann genügend Geld zur Deckung der Begräbniskosten zur Verfügung stehen? Müssen noch Kinder versorgt werden? Sind noch Hypotheken oder sonstige Schulden abzuzahlen? Oder wird sich der Geldbedarf durch steigendes Vermögen voraussichtlich verringern?
Aus der Aufzählung der unterschiedlichen Verwendungsmöglichkeiten der Versicherungssumme wird deutlich, daß die Risikolebensversicherung in den seltensten Fällen für einen Alleinstehenden sinnvoll ist.

Risikoversicherung mit gleichbleibender Versicherungssumme

Entscheidungskriterien

Fast alle Versicherungsgesellschaften bieten die Risikolebensversicherung mit gleichbleibender Versicherungssumme als Standardprodukt an. Wenn Sie eine über die gesamte Laufzeit der Versicherungspolice gleichbleibende Versicherungssumme brauchen, dann wählen Sie diese Vertragsform. Auch wenn Sie nicht sicher sind, ob nach der Ausbildung Ihrer Kinder noch ein neuer Bedarf entsteht, etwa durch einen Wohnungskauf, sollten Sie diese Variante wählen. Müßten Sie später noch einmal eine neue Risikolebensversicherung abschließen, so könnte es nämlich passieren, daß Sie aufgrund von verschlechterten Gesundheitsverhältnissen von den Gesellschaften nicht mehr angenommen werden.

Risiko-Lebensversicherung mit gleichbleibender Versicherungssumme

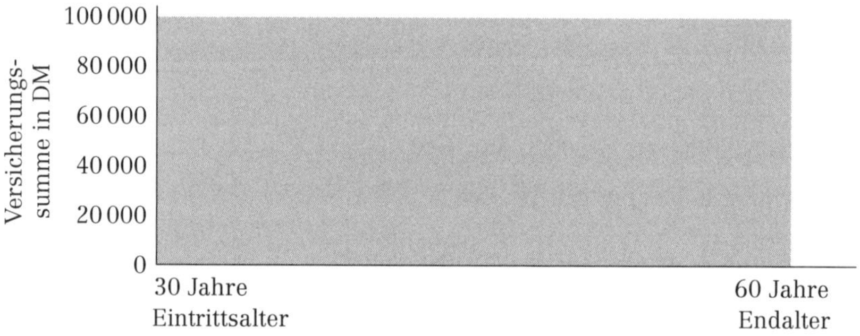

Umtauschgarantie

Alle Gesellschaften räumen Ihnen zumindest in den ersten 10 Jahren die Möglichkeit ein, die Risikopolice in eine kapitalbildende Lebensversicherung umzuwandeln. Wollen Sie sich diese Umtauschgarantie offenhalten, sollten Sie schon beim Abschluß der Risikolebensversicherung prüfen, ob der Versicherer zu den guten und ertrags-

starken Kapitallebensversicherern gehört. Interessant ist diese Variante für Sie dann, wenn Sie durch verschlechterte Gesundheitsverhältnisse nicht mehr die Möglichkeit haben, einen neuen Vertrag abzuschließen.
Auch aus steuerlichen Gründen könnte ein Umtausch der Risiko- in eine Kapitallebensversicherung später einmal sinnvoll werden. Zum Beispiel, wenn die Kinder älter sind, die Eltern beide wieder verdienen oder die Karriere zu höherem Einkommen führt, wodurch schließlich soviel Sparkapital gebildet wird, daß die darauf gezahlten Zinserträge pro Jahr die von Kapitalertragssteuer freien Beträge von DM 6 100,00 für Ledige bzw. DM 12 200,00 (Stand 1996) für Eheleute übersteigen.

Risikolebensversicherung auf „verbundene Leben"

Sind zwei Personen wirtschaftlich so stark voneinander abhängig, daß der Tod eines Partners den anderen in existenzbedrohende Schwierigkeiten stürzen würde, ist unter Umständen der Abschluß einer Risikolebensversicherung auf „verbundene Leben" sinnvoll. Es sind bei dieser Police beide Personen versichert. Die Versicherungssumme wird bei Tod des zuerst Sterbenden an die überlebende Person ausgezahlt.

Vorsorge für Investitionen

Ein gut verdienendes Ehepaar kauft eine Immobilie. Kinder sind nicht gewollt, und wenn beide Ehepartner arbeiten, ist die Belastung aus Zins und Tilgung gut zu tragen. Im Todesfall eines Ehepartners würde jedoch dann, wenn nicht ausreichend über eine Risikolebensversicherung Vorsorge getroffen wäre, die Investition in Frage gestellt, da dann die Einkünfte eines Partners nicht mehr ausreichten, Zinsen und Tilgung für die Immobilie aufzubringen.
Im Einzelfall gilt es, zu überprüfen, ob die „verbundene Leben" oder zwei Einzelverträge günstiger sind. Ausschlaggebend für die Prämiengestaltung kann eine hohe Altersdifferenz der Partner sein. Außerdem ist bei manchen Gesellschaften die Prämienkalkulation bei Rauchern und Nichtrauchern unterschiedlich. Es kann 50 % bei den Prämien ausmachen, die ein Raucher gegenüber einem Nichtraucher mehr zahlen muß.

EXKURS

Versicherung und Erbschaftssteuer

Bei der Festlegung der Versicherungssumme sollten Sie die individuell fällige Erbschaftssteuer berücksichtigen. Die Erbschaftssteuer liegt je nach Verwandtschaftsgrad der versicherten Person unterschiedlich hoch. Besonders bei nicht miteinander verwandten Personen verlangt das Finanzamt viel Geld. Diesen Betrag sollten Sie auf jeden Fall zusätzlich auch aus der Versicherungssumme aufbringen können.

Erbschaftssteuer-Freibeträge nach Verwandtschaftsgrad

	Freibetrag in DM	Steuerklasse
Ehegatte	600 000	I
Kinder (auch Adoptiv- und Stiefkinder), Enkel, deren Eltern verstorben sind	400 000	I
Eltern, Großeltern und Nachkommen der Personen mit Steuerklasse I (außer den oben genannten verwaisten Enkeln)	100 000	I
Geschwister, Neffen, Nichten, Stiefeltern, Schwiegerkinder und -eltern sowie der geschiedene Ehegatte	20 000	II
Übrige Erben	10 000	III

Erbschaftssteuer-Sätze

Den Freibetrag übersteigende Todesfallsumme in DM	Prozentsatz in der Steuerklasse		
	I	II	III
100 000	7	12	17
500 000	11	17	23
1 000 000	15	22	29
10 000 000	19	27	35
25 000 000	23	32	41
50 000 000	27	37	47
über 50 000 000	30	40	50

Die „unechte" Erbschaftssteuerversicherung

Um der Zahlung von Erbschaftssteuer zu entgehen, können Sie jedoch auch zwei einzelne Policen abschließen: Im Vertrag des einen Partners muß jeweils der Tod des anderen Partners versichert werden. Im Fall des Todes eines Partners fließt dann dem anderen das versicherte Todesfallkapital in seiner Eigenschaft als Versicherungsnehmer zu und bleibt deshalb erbschaftssteuerfrei.

Nachteile

Neben den möglichen Erbschaftssteuerproblemen darf ein weiterer Nachteil der verbundenen Risikoversicherung nicht verschwiegen werden: Die Versicherung erlischt, wenn ein Partner stirbt. Will sich der überlebende Partner nun im Rahmen einer Einzelversicherung erneut versichern, wird er eventuell wegen seines mittlerweile schlechteren Gesundheitszustandes nicht mehr aufgenommen.

Risikolebensversicherungen mit fallender Versicherungssumme (Restschuldlebensversicherung)

Die Risikolebensversicherungen mit fallender Versicherungssumme werden normalerweise zur Absicherung von Schulden – wie etwa aus Teilzahlungskrediten (gleichmäßig fallende Versicherungssumme) und Hypothekendarlehen (progressiv fallende Versicherungssumme) – angeboten und als Restschuldlebensversicherungen bezeichnet.

Absicherung von Investitionen

Diese Versicherungsformen haben für die Alterssicherung keinerlei Bedeutung. Sie sind jedoch wichtig zur Absicherung von Investitionen, die der Alterssicherung dienen, wie z. B. der Finanzierung einer Immobilie.

Risikolebensversicherung mit jährlich gleichmäßig fallender Versicherungssumme

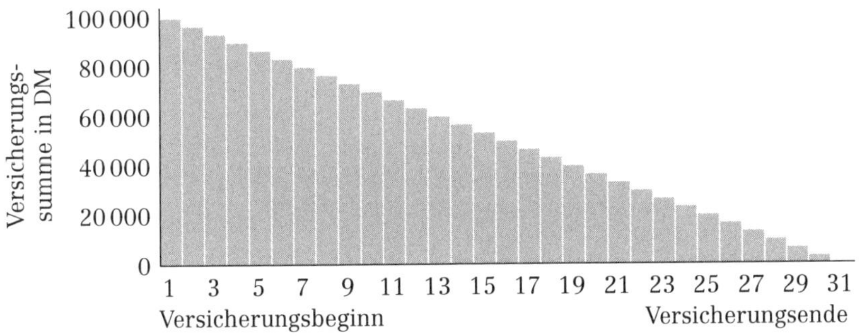

Risikolebensversicherung mit progressiv fallender Versicherungssumme

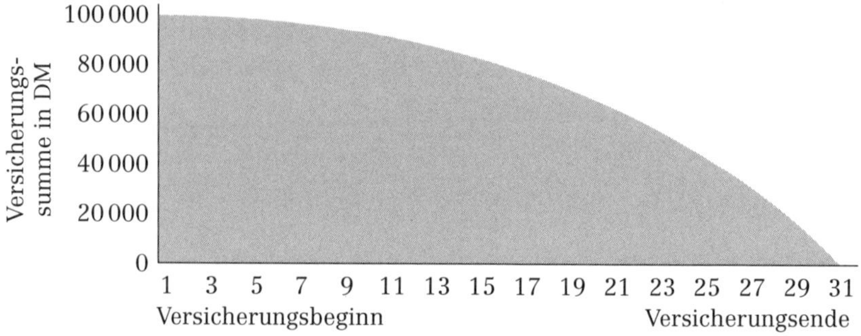

Risikolebensversicherung mit fallender Versicherungssumme zur Absicherung von Hypothekenschulden und Ausbildung

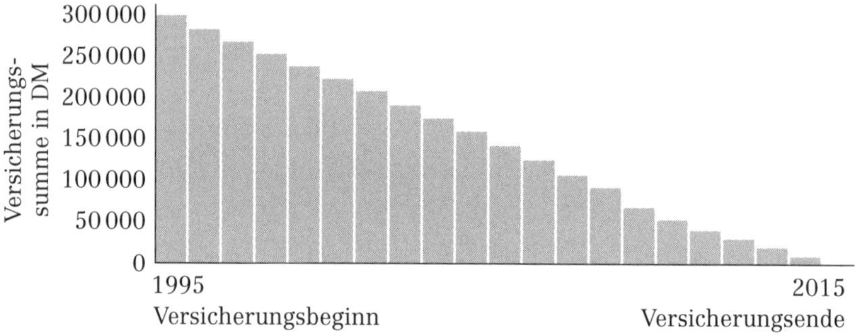

Risikolebensversicherung mit fallender Versicherungssumme zur Absicherung der Kinder

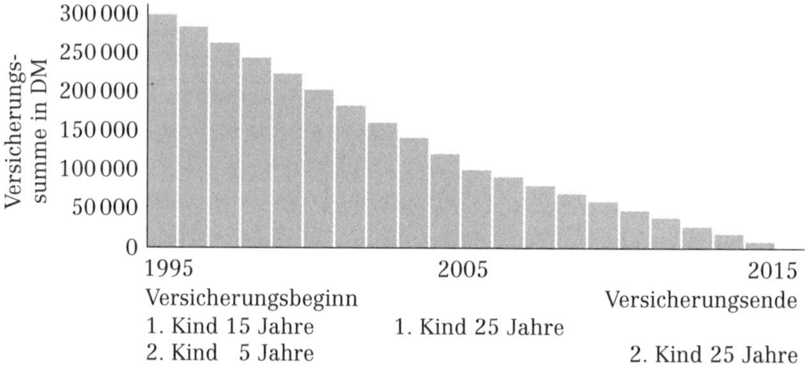

Die selbständige Berufsunfähigkeitsversicherung

Genauso wie bei der Risikolebensversicherung wird die selbständige Berufsunfähigkeitsversicherung für einen bestimmten Zeitraum abgeschlossen. Innerhalb der Vertragslaufzeit zahlt die Berufsunfähigkeitsversicherung dann eine Rente, wenn Sie in Ihrer zuletzt vor dem Eintritt der Berufsunfähigkeit ausgeübten Tätigkeit durch Krankheit oder Unfall die Arbeitskraft verlieren sollten. Im Versicherungsdeutsch liest sich die Definition des Begriffs „Berufsunfähigkeit“ folgendermaßen:

Berufsunfähigkeit

„Vollständige Berufsunfähigkeit liegt vor, wenn der Versicherte infolge Krankheit, Körperverletzung oder Kräfteverfall, die ärztlich nachzuweisen sind, voraussichtlich dauernd außerstande ist, seinen Beruf oder eine andere Tätigkeit auszuüben, die aufgrund seiner Ausbildung und Erfahrung ausgeübt werden kann und seiner bisherigen Lebensstellung entspricht.“

Anspruch

Neben der vertraglichen Definition der Berufsunfähigkeit, die eben auf die berufliche Tätigkeit oder auf die Lebensstellung abhebt, muß ein bestimmter Prozentsatz an Berufsunfähigkeit erreicht sein. Sowohl bei der selbständigen Berufsunfähigkeitsversicherung als auch bei der Berufsunfähigkeitszusatzversicherung, die später noch besprochen wird, können Sie zwischen einer Pauschal- oder einer Staffelregelung wählen. Davon ist abhängig, ab welchem Grad der Berufsunfähigkeit der Versicherer die Versicherungsleistung zu zahlen hat.

Pauschalregelung

Bei Vereinbarung der Pauschalregelung muß der Versicherte die volle vereinbarte Rente zahlen, falls Sie zu 50 % oder mehr berufsunfähig sind.

Staffelregelung

Je nach vereinbarter Staffelregelung muß der Versicherer seine nach dem Grad der Berufsunfähigkeit gestaffelte Leistung erbringen. Bei der Staffelregelung mit 25 % bekämen Sie die Rente, wenn der Grad der Berufsunfähigkeit über 25 % liegt, und zwar bei 26 % Berufsunfähigkeit 26 % der versicherten Rente, bei 27 % Berufsunfähigkeit 27 % usw. bis zu 75 % Berufsunfähigkeit – dann erhielten Sie die volle Rentenleistung. Auch bei der 33 ⅓ %-Staffel entspricht der Grad der Berufsunfähigkeit der gezahlten Rente. Allerdings wird schon ab 67 % die volle Rente fällig.

Für die Entscheidung, welche der Regelungen Sie für sich anwenden möchten – ob die Pauschalregelung oder die Staffelregelung –, sollten Sie nicht außer acht lassen, daß bei der Pauschalregelung, bei der Sie ab 50% Berufsunfähigkeit Rente bekommen, auch ab

Beitragsfreiheit

50% die Beitragsfreiheit eintritt. Bei der Staffelregelung reduziert sich in dem Umfange der Beitrag, wie Sie Rente bekommen: 25% Rente = 25% Beitragsfreiheit. Bei 67%iger Berufsunfähigkeit bekommen Sie eine volle Rente und außerdem entfällt die Beitragszahlung ganz.

Welchen Vertragstyp Sie wählen sollten, läßt sich nicht allgemein empfehlen.

Entscheidungshilfen

Grundsätzlich kann man sagen, daß Sie die Pauschalregelung wählen sollten, falls Sie einen besonders spezialisierten Beruf ausüben oder gar eine Berufsgruppenklausel abschließen können. Dies bedeutet, Sie können auf keine andere Tätigkeit verwiesen werden. Die 25%-Staffel sollten Sie abschließen, wenn Sie eine eher ungelernte, angelernte oder wenig spezialisierte Tätigkeit verrichten. Ob eine Berufsunfähigkeitsversicherung dann überhaupt für Sie in Frage kommt, hängt eng mit dem Problem der möglichen Verweisung in einen anderen Beruf zusammen, denn der Versicherer muß die Rente solange nicht zahlen, wie Sie noch eine andere, zumutbare Berufstätigkeit ausüben können, die Ihrer bisherigen Lebensstellung entspricht.

Überschußsysteme

Mit Ihren Beiträgen erwirtschaftet der Versicherer Überschüsse durch Geldanlagen auf dem Kapitalmarkt. Er bildet damit Kapital, das er zur Deckung des Risikos aus der Versicherung nicht benötigt. An diesen Überschüssen können Sie auf unterschiedliche Weise teilhaben. Unter der Voraussetzung, daß der jeweilige Versicherer auch tatsächlich die im folgenden genannten Möglichkeiten anbietet, können Sie wählen, ob die Überschüsse immer sofort mit Ihren Beiträgen verrechnet werden oder vom Versicherer zur Bildung eines Bonus verwendet oder bis zum Vertragsende verzinslich angesammelt werden sollen.

Beitragsverrechnung

Beim System der Beitragsverrechnung bekommen Sie einen Rabatt auf die zu zahlenden Monatsbeiträge. Sie haben dann Monat für Monat nur den sogenannten Nettobeitrag zu entrichten, der je nach Versicherer bis zu 50% günstiger sein kann als der Bruttobeitrag. Ihr Vorteil: Sie decken die gleichen Risiken mit niedrigerem Beitrag ab und können die eingesparten Gelder selbst gewinnbringend ansparen.

Bonussystem

Wünschen Sie keine Verrechnung, müssen Sie den Bruttobeitrag in Kauf nehmen. Dafür erhöht sich beim Bonussystem die monatliche

Rente: Der Versicherer kauft aus den Überschüssen jährlich neue Rentenansprüche hinzu, so daß Sie ab Beginn der Berufsunfähigkeit gleich mit einer um etwa 33% höheren Rente rechnen können. Wichtig bei dieser Art der Gewinnverwendung ist wieder einmal die Nachversicherungsgarantie. Sollten die prognostizierten Gewinne der Versicherungsgesellschaft nicht ausreichen, die um 33% erhöhte Bonusrente auszuzahlen, sollten Sie die Möglichkeit haben, ohne neue Gesundheitsprüfung diese Erhöhung nachzuversichern.

Nachversicherungsgarantie

Wählen Sie die verzinsliche Ansammlung bis zum Vertragsende, bildet der Versicherer ein Guthaben, das Sie sich entweder auszahlen oder bei eintretender Berufsunfähigkeit in Rentenansprüche umwandeln lassen können. Im Vergleich zum Bonussystem erbringt diese Variante in der Regel eine niedrigere Berufsunfähigkeitsrente. Da es Ihnen beim Abschluß einer Berufsunfähigkeitsversicherung nicht in erster Linie auf das Sparen, sondern statt dessen auf die Risikoabdeckung zu möglichst günstigen Beiträgen ankommen wird, sollten Sie zwischen dem System der Beitragsverrechnung und dem des Bonussystems wählen. Machen Sie Ihre Entscheidung von der Nachversicherungsgarantie und der Höhe der Bonusrente abhängig.

Verzinsliche Ansammlung

Lebenslange Berufsunfähigkeitsrente

Seit Anfang 1995 bietet ein Versicherer auf dem deutschen Markt auch eine lebenslange Berufsunfähigkeitsrente an. Bei dieser Rentenform müssen Sie die Berufsunfähigkeitsrente bis zu Ihrem 65. Lebensjahr versichern. Sollten Sie berufsunfähig werden, so wird üblicherweise diese Rente auch nur bis zum Vertragsende – hier im 65. Lebensjahr – gezahlt. Die spezielle Form der lebenslangen Berufsunfähigkeitsrente sieht jedoch folgende Sonderkonstruktion vor: Wenn Sie zwischen dem 50. und 65. Lebensjahr dauernd berufsunfähig gewesen sind und deshalb Rente bezogen haben, verlängert sich die Rentenbezugszeit bis zu Ihrem Lebensende. Da diese Form der „lebenslangen Berufsunfähigkeitsrente" auch um einiges teurer ist als die üblichen Berufsunfähigkeitsrisikoversicherungen, muß von Fall zu Fall geprüft werden, ob die Integration einer Berufsunfähigkeitszusatzversicherung in eine Kapitallebensversicherung nicht sinnvoller ist.

Probleme bei der Berufsunfähigkeitsversicherung

Die Bestimmung des Berufsunfähigkeitsgrades wird häufig nicht einfach sein. Deshalb ist es schon bei Abschluß der Versicherung wichtig, sich darüber zu informieren, in welcher Form die Gesellschaft die Bewertung des Berufsunfähigkeitsgrades vornimmt,

Bewertung der Berufsunfähigkeit

Orientiert sich die Gesellschaft an dem Rentenbescheid Ihrer gesetzlichen Rentenversicherung? Setzt die Gesellschaft eigene Vertrauensärzte zur Bewertung Ihres Berufsunfähigkeitsgrades ein? In welchen Abständen müssen Sie auch bei der Rentenbezugszeit zum Arzt gehen, um die Fortdauer Ihrer Berufsunfähigkeit nachzuweisen? Wie handhabt die Gesellschaft die Verweisungsmöglichkeit auf einen anderen Beruf?

Verweisung

Die sogenannte Verweisungsklausel erlaubt den Versicherern, Sie auf andere Tätigkeiten zu verweisen, falls diese sowohl von den fachlichen, objektiven Anforderungen (Über- und Unterforderungsverbot) als auch vom sozialen Prestige her zumutbar sind. So wird ein Arzt beispielsweise nicht auf einen Job als Krankenpfleger verwiesen werden können, ein Facharbeiter keinen Job als Hilfsarbeiter ausüben müssen. Durch diese Verweisungsklausel kann es immer wieder Probleme bei der Rentenauszahlung geben. Deshalb ist es sehr wichtig, daß man sich schon bei Abschluß der Versicherung darüber unterrichten läßt, wie die Gesellschaften diese Verweisungsklausel handhaben. Haben Sie einen wenig spezialisierten Beruf, müssen Sie im Schadenfall damit rechnen, verwiesen zu werden, also keine Rente zu bekommen, da Sie ja einen anderen Beruf ausüben können.

Berufsklausel

In gewissen Grenzen können Sie sich hiervor jedoch schützen, wenn Sie die für Sie richtige Wahl zwischen Pauschal- und Staffelregelung treffen und sich – wenn Sie zu bestimmten privilegierten Berufsgruppen gehören – eine Berufsklausel in die Police einarbeiten lassen.

Variationen der Kapitallebensversicherungen

Als Kapitallebensversicherung bezeichnet man solche Verträge, die neben der Absicherung des Todes zum Ende der Vertragslaufzeit eine garantierte Versicherungssumme, üblicherweise erhöht um Gewinnanteile, zur Auszahlung bringen.
In den letzten Jahren bieten die Versicherungsgesellschaften verstärkt Versicherungspolicen mit flexiblem Ablauf an. Bei diesen Policen kann der Versicherungsnehmer selbst entscheiden, wann er in den letzten maximal 10 Jahren der Vertragslaufzeit den Vertrag ausbezahlt haben möchte.

Lebensversicherung mit flexibler Todesfallsumme

Legen Sie keinen Wert auf eine hohe Todesfalleistung und möchten Sie in erster Linie eine hohe steuerfreie Ablaufleistung erhalten, dann sollten Sie eine Kapitallebensversicherung mit reduzierter Todesfallsumme abschließen. Da der Versicherer bei einem solchen Tarif weniger Geld für die Absicherung des Todesfallrisikos benötigt, kann bei gleichem Beitrag mehr angespart werden. Deswegen ergibt sich eine höhere Ablaufleistung als bei Normaltarif. Die vereinbarte Todesfallsumme darf allerdings nicht kleiner sein als 60 % der gesamten Beitragssumme während der Vertragslaufzeit, denn sonst müssen Sie auf die Auszahlung aus dem Versicherungsvertrag Kapitalertragssteuer zahlen.

Kapitalertragssteuer

Es besteht die Möglichkeit in dieser Vertragsform, den Todesfallschutz konstant niedrig zu halten oder ihn in bestimmten Prozentstufen zur Versicherungssumme ansteigen zu lassen.

Bei einigen Versicherern können Sie ohne erneute Gesundheitsprüfung die Todesfallsumme maximal auf das Doppelte der Versicherungssumme erhöhen, wenn sogenannte objektive Kriterien eingetreten sind. Diese objektiven Kriterien können sein: Heirat, Geburt eines Kindes, Existenzgründung oder der Erwerb einer Immobilie. Natürlich ist es genausogut möglich, den zu Beginn der Versicherung überproportional hohen Todesfallschutz während der Laufzeit auf geringere Leistungen herunterzufahren. Auch hier sollten Sie darauf achten, daß die Todesfalleistung des Gesamtvertrages nicht unter 60 % der Beitragssumme während der Vertragslaufzeit fällt, da sonst die Auszahlungssumme besteuert wird.

Erhöhung der Versicherungssumme

Kapitallebensversicherung auf „verbundene Leben"

Versichert sind hier zwei Personen. Sobald die erste Person in der Versicherungszeit stirbt, wird die versicherte Summe zuzüglich der bis dahin angesammelten Überschüsse an den Versicherungsnehmer oder einen anderen Bezugsberechtigten ausbezahlt. Erleben beide den Ablauf, so wird bei der Kapitallebensversicherung auf verbundene Leben die Versicherungssumme zuzüglich der Überschüsse ausgezahlt.

Der Tarif „verbundene Leben" ist in der Kapitallebensversicherung in der Regel um etwa 5 % billiger als zwei einzelne Versicherungen. Sinn macht eine solche Police beispielsweise für Doppelverdiener, die auch ein gemeinsames Sparziel verfolgen – etwa die Rückzahlung des Darlehens für eine Immobilie. Oft ist es besonders für Eheleute mit kleinen Kindern günstiger, statt einer Kapitallebensversicherung auf verbundene Leben für einen Partner eine Risikolebensversicherung abzuschließen, da – wie im Kapitel „Risikolebensversicherung" besprochen – diese Lösung erheblich günstiger sein kann.

Relativ günstiger Tarif

Die fondsgebundene Lebensversicherung

Anders als bei der normalen Kapitallebensversicherung wird bei der fondsgebundenen Lebensversicherung keine Erlebensfallsumme garantiert. Aus den für das Sparen bestimmten Beitragsteilen werden nämlich Fondsanteile gekauft. Diese Anteile unterliegen je nach Typ des Fonds größeren oder kleineren Kursschwankungen und sind abhängig von Ereignissen der Kursentwicklung der im Fonds enthaltenen Vermögenswerte, die entweder Aktien (Aktienfonds), festverzinsliche Wertpapiere (Rentenfonds), Immobilien (offene Immobilienfonds) oder Aktienfonds und verzinsliche Wertpapiere und Immobilien (Mischfonds) sein können.

Die Fonds sind sogenannte Sondervermögen, und die sie verwaltenden Investmentgesellschaften sind gezwungen, gesetzlich definierte Grundsätze der Vermögensanlage (Mischung und Streuung der Anlagewerte sowie Höchstgrenzen einzelner Papiere im Fondsvermögen) einzuhalten. Kontrolliert wird dies vom Bundesaufsichtsamt für das Kreditwesen in Berlin.

Gewinn- und Verlustrisiko

Da die Fondsgesellschaften das vom Versicherer erhaltene Geld zum Beispiel komplett in Aktien investieren dürfen (vorausgesetzt, sie wählen einen Aktienfonds), sind die Renditechancen – aber auch die Verlustrisiken – gegenüber normalen Kapitallebensversicherungen wesentlich höher. Klassische Kapitallebensversicherer legten in der Vergangenheit nur etwa 10 % des Vermögens in Aktien an.

Ein Nachteil ergibt sich auch in steuerlicher Hinsicht: Die Beiträge zu fondsgebundenen Policen können im Gegensatz zu denen der „normalen" Kapitallebensversicherung nicht als Sonderausgaben steuerlich geltend gemacht werden. Die Erträge sind jedoch steuerfrei, wenn eine Mindestlaufzeit von zwölf Jahren eingehalten wird und die Versicherungssumme mindestens so hoch ist wie der Betrag, der sich aus der Multiplikation des jährlichen Beitrags mit der Anzahl der Versicherungsjahre ergibt.

Sonderformen der Beitragszahlung

Oft wird es gerade für junge Leute, deren Einkünfte niedrig sind, notwendig, einen richtig bemessenen Versicherungsschutz zu haben. Die Beiträge sind aber für diesen umfassenden Versicherungsschutz zu hoch. Aus diesem Grund bieten die Gesellschaften einige Möglichkeiten der Beitragsreduzierung an.

Möglichkeiten der Beitragsreduzierung

In den ersten – üblicherweise bis zu fünf – Jahren wird die Versicherung als Risikoversicherung geführt und dann auf eine Kapitalversicherung umgestellt. Diese Form bringt in den ersten Jahren die deutlichste Beitragsersparnis.

Die zweite Möglichkeit besteht darin, daß die anfangs niedrigen Beiträge über die gesamte Laufzeit dynamisiert werden, d. h. über die gesamte Laufzeit gleichmäßig steigen, ohne daß sich die Versicherungssumme erhöht. Diese Form der Beitragsdynamik ist in jedem Fall ungünstig.
Neue Versicherungstarife bieten von vornherein die Möglichkeit, für bestimmte Zeiträume des Versicherungsvertragsverlaufs unterschiedliche Beiträge anzusetzen. Dies gibt dem Versicherungsnehmer die Möglichkeit, schon vorab für genau festgelegte Zeiträume seine Beiträge variabel zu gestalten.

Sammel- oder Gruppentarif

Besteht die Möglichkeit, mit einem Arbeitgeber oder mit einer Vereinigung einen Vertrag über den Beitragseinzug abzuschließen, so kann auf den Tarifbeitrag für die einzelne Versicherung ein Nachlaß von bis zu 4 % gewährt werden (Sammel- oder Gruppentarif). Diese Möglichkeit der Beitragsreduzierung sollte von Ihnen in jedem Fall mit einem Versicherungsmakler oder Versicherungsvertreter besprochen werden. Da diese Form der Beitragsreduzierung zu einer Reduzierung der Provisionen beim Makler oder Vertreter führt, wird er selten von selbst auf diese Möglichkeit hinweisen.

Verwendung der Überschüsse bei Kapitalversicherungen

Verzinsliche Ansammlung

Die Erträge werden hier wie bei einem Sparbuch verzinst. Die Todesfalleistung ist über die gesamte Laufzeit etwas geringer als beim Bonussystem, dafür wird eine höhere Ablaufleistung erreicht. Die Überschußanteile werden verzinslich angesammelt. Das angesammelte Überschußguthaben wird mit der Versicherungssumme ausgezahlt.

Bonussystem

Die Überschußanteile ergeben zusätzliche beitragsfreie Versicherungssummen. Von Beginn an wird ein Vorausbonus gewährt, der die Versicherungsleistung auf einen Mindestbetrag erhöht. Die Höhe des Vorausbonus kann bei Antragstellung unterschiedlich gewählt werden, und zwar üblicherweise zwischen 0 und 100 %.

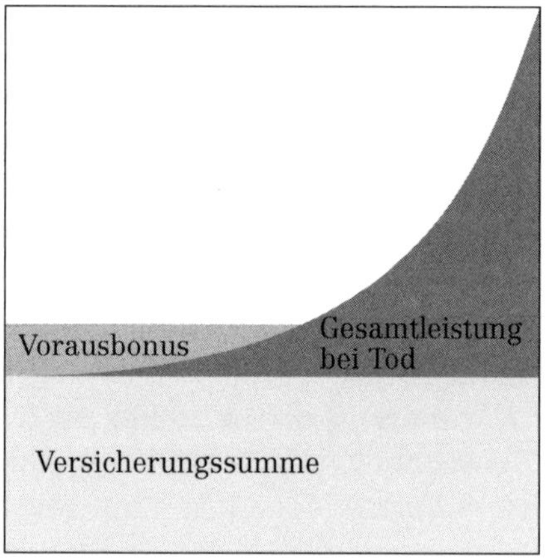

Verstärkte Erlebensfalleistung

Die Überschußanteile werden in zusätzliche beitragsfreie Erlebensfallsummen umgewandelt. Das führt zu einer höheren Ablaufleistung, bringt aber keine oder nur eine geringere Mehrleistung im Todesfall.

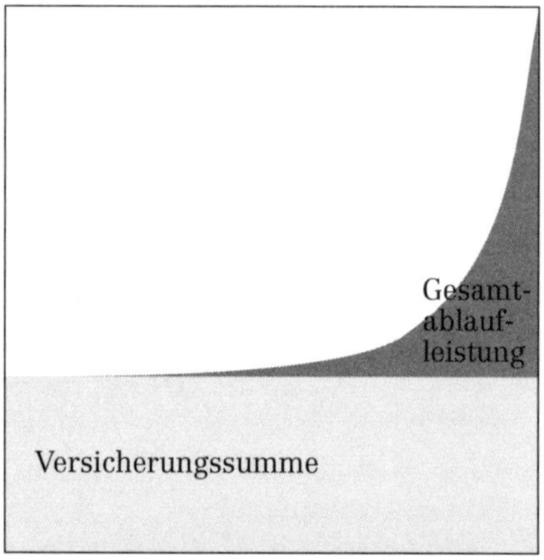

Verwendung der Gewinnanteile zur Verkürzung der Laufzeit

Um bei einer vorgegebenen Versicherungssumme die Beiträge über die Laufzeit so gering wie möglich zu halten, wird häufig die Versicherungslaufzeit auf das 85. Lebensjahr berechnet. Da dieses Schlußalter üblicherweise viel zu hoch angesetzt ist, bieten sich jetzt unterschiedliche Möglichkeiten, die Laufzeit des Vertrags zu verkürzen. Wählen Sie die Option „obligatorischer Ablauf" z. B. mit 60 Jahren, dann wird Ihnen zu diesem Zeitpunkt das von Ihnen eingezahlte Sparguthaben zuzüglich der bis dahin angesammelten Gewinnanteile ausgezahlt. Wenn Sie die Option „Laufzeitverkürzung" wählen, wird Ihnen die Versicherungssumme dann ausgezahlt, wenn diese durch eingezahlte Beiträge plus der angewachsenen Gewinnanteile erreicht ist. In diesem Fall bekommen Sie die vereinbarte Versicherungssumme, aber der Zeitpunkt der Auszahlung steht nicht fest.

Zwei Möglichkeiten

Obligatorischer Ablauf: Der Zeitpunkt liegt fest, die Höhe der Auszahlung ist ungewiß.
Laufzeitverkürzung: Die Höhe der Auszahlung steht fest, der Zeitpunkt der Auszahlung ist ungewiß.

Achtung: Da Versicherungsvertreter häufig ihre Provisionen nach der Höhe der Versicherungssummen bekommen, liegt ihnen daran, Verträge über hohe Versicherungssummen abzuschließen. Dies ist nur mit dem System der Laufzeitverkürzung möglich, denn hier bekommt der Versicherungsnehmer bei einer Laufzeit von z. B. 50 Jahren eine hohe Versicherungssumme für vergleichsweise wenig Geld.

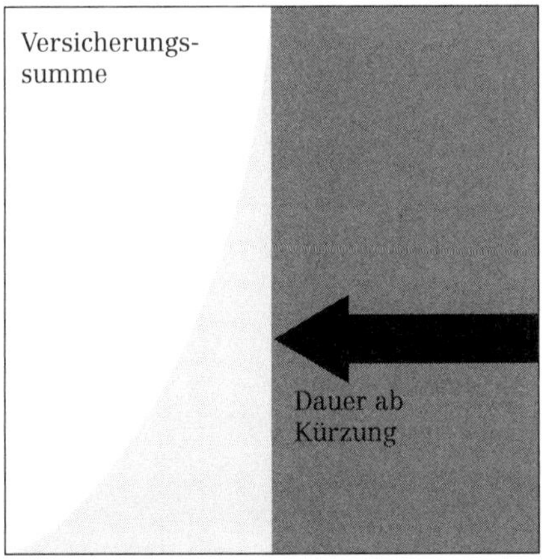

Die private Rentenversicherung

Durch die zu erwartenden Verschlechterungen in der gesetzlichen Altersversorgung gewinnt die private Rentenversicherung immer mehr an Bedeutung. Die Versicherer führten die privaten Leibrentenversicherungen aus ihrem Schattendasein heraus, indem sie neue Sterbetafeln zugrunde legten und neue Tarife schufen.

Bei dieser Form der Versicherung spielt Ihr Gesundheitszustand keine Rolle. Die Leibrente besteht aus einer Garantie- und einer Überschußrente. Die Garantierente ergibt sich aus den mit dem Rechnungszins verzinsten Sparbeiträgen, aus den vom Versicherer kalkulierten Kosten und der von ihm angenommenen durchschnittlichen Sterbewahrscheinlichkeit. Die Höhe der Überschußrente ist abhängig von der am Kapitalmarkt tatsächlich erzielbaren Verzinsung, den tatsächlichen Kosten und der realen Sterbequote.

Garantierente

Überschußrente

> Wählen können Sie zwischen verschiedenen Varianten: Leibrentenversicherung mit einer Ansparphase (Aufschubzeit) bis zum Beginn der lebenslangen Rentenzahlung – Leibrentenversicherung mit sofort beginnender Leibrente gegen einen Einmalbeitrag (z. B. aus der Ablaufleistung einer Kapitallebensversicherung).

Aufschubzeit

Leibrenten mit Aufschubzeit sind besonders ertragsstark, denn die Beiträge werden nahezu vollständig verzinslich angespart. Im Gegensatz zur Lebensversicherung fallen dabei keine Risikokosten für den Todesfallschutz an; es werden allein die Anteile der Kosten für Verwaltung, Provisionen usw. abgezogen. Da Männer eine geringere Lebenserwartung haben als Frauen, sind Leibrentenversicherungen für Männer ertragsstärker als Leibrentenversicherungen für Frauen.

Lebens-erwartung

Bei der Auszahlung von Kapitallebensversicherungen haben Sie am Ende der Laufzeit die Möglichkeit, sich zwischen der Kapitalzahlung oder einer lebenslangen Rente zu entscheiden. Bei der Leibrentenversicherung ist es genau anders herum. Hier können Sie am Ende entscheiden, ob Sie Rente haben möchten oder ob Sie sich das angesparte Guthaben zuzüglich der Verzinsung ausbezahlen lassen wollen. Die letzte Möglichkeit kann dann von Interesse sein, wenn Sie nicht das gesamte Kapital lebenslang verrenten lassen möchten, sondern einen Teil zu anderen Zwecken, z. B. für höhere, zeitlich begrenzte Renten, verwenden wollen.

Renditen

Leibrentenversicherungen sind auf unterschiedlichste Arten ausgestaltbar. Die höchste Rendite der Rentenzahlung erreichen Sie dann, wenn das eingesetzte Kapital ausschließlich zur Rentenzahlung verwendet werden kann. In diesem Fall erfolgt weder vor der Rentenzahlung, also während der Aufschubzeit, noch bei Tod während der Rentenbezugszeit eine Rückzahlung des Kapitals. Diese Form der Leibrente kommt sicherlich nur für diejenigen Personen in Frage, die nach ihrem Tode keine anderen Personen versorgen wollen.

Mitversicherte Personen

Die ertragsschwächste Form der Leibrente ist sicherlich die, bei der noch weitere zusätzliche Personen mitversichert werden. Sie können z. B. vereinbaren, daß im Falle Ihres Todes Ihr Lebenspartner eine lebenslängliche Witwen- oder Witwerrente bekommt. Diese Rente kann bis zu 100% Ihrer eigenen Rente ausmachen. Desgleichen können auch Waisenrenten mitversichert werden.

Gestaltungsformen der Leibrentenversicherung

Bei der Ausgestaltung des Leibrentenvertrags stehen Ihnen vor Rentenbeginn, also während der Aufschubzeit, und nach Rentenbeginn, also in der Rentenbezugszeit, unterschiedliche Ausgestaltungsformen zur Verfügung.

Die versicherte Person stirbt während der Aufschubzeit:

- Das Kapital ist verloren, es erfolgt keine Rückzahlung.
- Das angesparte Guthaben wird unverzinst zurückgezahlt.
- Das angesparte Guthaben wird zuzüglich der Gewinne zurückgezahlt.

Auch für die Rentenbezugszeit können Sie zwischen zwei Formen der Gewinnverwendung wählen: die verzinsliche Ansammlung und die Bonusrente. Hierbei werden die Gewinne in kleine neue Leibrentenversicherungen umgewandelt, so daß mit Beginn der Rentenzahlung erhöhte Renten zur Verfügung stehen.

Reduzierung der Beitragshöhe

Im Gegensatz zur Kapitallebensversicherung machen Sie bei der Leibrente keinerlei Verluste, wenn Sie für einen gewissen Zeitraum Ihre Beitragszahlung reduzieren wollen. Lediglich die zu erwartende Rente wird im gleichen Umfang angepaßt. Desgleichen können Sie zu jeder beliebigen Zeit Ihre Beiträge erhöhen, da keinerlei Gesundheitsprüfung erforderlich ist. Die einzige Ausnahme bildet eine Leibrentenversicherung mit Witwen- oder Witwerübergang, denn hier spielt natürlich das Todesfallrisiko des ersten Versicherten eine Rolle.

Leibrentenversicherung während der Rentenbezugszeit

Auch hier gilt der Grundsatz, je weniger Zusatzvereinbarungen, desto höher die Rente. Das bedeutet, wenn Sie keinerlei Interesse an der Versorgung von Hinterbliebenen haben, sollten Sie vereinbaren, daß nach Ihrem Tode keinerlei Restzahlungen erfolgen.

Mindestlaufzeit

Die nächste Möglichkeit ist die, eine Mindestlaufzeit der Rente zu vereinbaren. Haben Sie eine Mindestlaufzeit von zehn Jahren vereinbart und stürben nach einem Monat Rentenbezug, so würden Ihre Hinterbliebenen weitere 119 Monate Rente beziehen können. Diese sogenannte Rentengarantiezeit kann zwischen 5 und 25 Jahren liegen.

Eine andere Möglichkeit besteht darin, daß im Falle Ihres Todes das Geld, das nicht für Renten verbraucht wurde, zuzüglich der angewachsenen Gewinnanteile an Ihre Hinterbliebenen ausbezahlt wird.

Verwendung der Gewinnanteile während der Rentenbezugszeit

Da sich natürlich auch während der Rentenbezugszeit das eingesetzte Kapital laufend verzinst, haben Sie auch hier drei Möglichkeiten der Gewinnverwendung.

- Die dynamische Bonusrente: Jährlich steigende Zusatzrente um einen festen Prozentsatz, z. B. um 3 bis 4 % der jeweiligen Vorjahresrente.
- Gleichbleibende Rente: Die Rentenzahlungen werden so gewählt, daß die garantierte Rente zuzüglich der Gewinnrente immer den gleichen Betrag ausmacht.
- Die fallende Rente: In diesem Gewinnsystem wird der Gewinn so zur garantierten Rente dazugeschlagen, daß die Rente vom ersten Jahr der Bezugszeit bis zum kalkulatorisch letzten Jahr der Bezugszeit sinkt.

Kapitalzahlung statt Rentenzahlung

Häufig kann es gerade bei aufgeschobenen Leibrentenversicherungen sinnvoll sein, auf die Rente zu verzichten und das Kapitalwahlrecht auszuüben. Gründe dafür können z. B. sein, daß sich Ihre Lebensplanung so verändert hat, daß Ihnen mit einer Kapitalzahlung mehr geholfen ist als mit der Rentenzahlung. Zum anderen können sich auch in der Aufschubzeit von 10, 20 und mehr Jahren Möglichkeiten am Kapitalmarkt eröffnet haben, die es sinnvoll erscheinen lassen, das Geld in anderer Weise anzulegen. Diese Gründe können dazu führen, daß Sie nicht mehr an einer lebenslang garantierten Rentenzahlung interessiert sind, sondern an einer möglichst hohen Zahlung zu Beginn der Rente.

In diesem Fall sollten Sie während der Aufschubzeit die verzinsliche Ansammlung wählen und im Falle des Todes während der Aufschubzeit möglichst nur die Rückzahlung des unverzinsten Kapitals. Für die Rentenbezugszeit wählen Sie bitte eine möglichst lange Rentengarantiezeit. In welcher Form die möglichen Renten – dynamische Bonusrente, gleichbleibende oder fallende Rente – ausgezahlt werden sollen, ist in diesem Fall irrelevant. Bei solcher Ausgestaltung des Vertrages sollte die Rendite der eingesetzten Beiträge bei über 7 % liegen.

EXKURS

Neuer Steuererlaß: Das Wahlrecht bei Rentenversicherungen mit laufender Beitragszahlung

Das Bundesministerium für Finanzen (BMF) hat im Juli 1996 einen Erlaß veröffentlicht:

Kapitalwahlrecht

Rentenversicherungen mit Kapitalwahlrecht gegen laufende Beitragszahlung sind nur dann steuerbegünstigt, wenn die Ausübung des Kapitalwahlrechts vor Ablauf von zwölf Jahren seit Vertragsabschluß vertraglich ausgeschlossen ist. Dies gilt für alle Rentenversicherungen, die ab 1. Oktober 1996 policiert werden. Ausschlaggebend ist das Datum des Versicherungsscheins.

- *Die bisherige Regelung, daß erst der Zufluß des Geldes als Ausübung des Kapitalwahlrechts angesehen wurde, gilt künftig nicht mehr.*
- *Nach der neuen Regelung ist die Möglichkeit, sich bereits vor Ablauf von 12 Jahren für das Kapitalwahlrecht zu entscheiden, nicht mehr steuerbegünstigt, selbst wenn es erst 12 Jahre nach Versicherungsbeginn wirklich „ausgeübt“ (sprich: das Geld ausgezahlt) wird.*

Die Möglichkeit des Kapitalwahlrechts besteht solange, bis sie aufgrund einer vertraglichen Vereinbarung definitiv ausgeschlossen ist.

Nachteile

Steuerliche Nachteile: Die Beiträge können nicht als Sonderausgaben geltend gemacht werden. Die Kapitalauszahlung erfolgt nicht steuerfrei, sondern abzüglich der Kapitalertragssteuer. Einziges Zugeständnis des BMF: Bei Versicherungen mit einer Aufschubzeit von zwölf Jahren darf das Kapitalwahlrecht bereits fünf Monate vor Rentenbeginn ausgeübt werden.

Bei Rentenversicherungen ohne Leistungen im Todesfall mußte die Entscheidung für das Kapitalwahlrecht bisher mindestens drei Jahre vor Rentenbeginn getroffen werden. Aufgrund der neuen Begrenzungen ist bei vereinbarten Aufschubzeiten von 12 bis 15 Jahren eine steuerbegünstigte Ausübung des Kapitalwahlrechts nur möglich, sofern der Baustein Rentengarantie eingeschlossen wurde.

Besteuerung von Renten

Herr F. bekommt ab dem 65. Lebensjahr DM 1 000,00 Leibrente. Er will wissen, ob er diesen Betrag versteuern muß. Es sind nur 27% davon einkommenssteuerpflichtig. Das Finanzamt tut also so, als würde das zusätzliche Einkommen DM 270,00 monatlich betragen. Nur auf diesen Betrag müssen Steuern bezahlt werden.

Ertragsanteile gemäß § 22 EStG

Bei Beginn der Renten vollendetes Lebensjahr des Rentenberechtigten	Ertragsanteil in %	Bei Beginn der Renten vollendetes Lebensjahr des Rentenberechtigten	Ertragsanteil in %	Bei Beginn der Renten vollendetes Lebensjahr des Rentenberechtigten	Ertragsanteil in %
0 bis 3	73	44	49	68	23
4 bis 5	72	45	48	69	22
6 bis 8	71	46	47	70	21
9 bis 11	70	47	46	71	20
12 bis 13	69	48	45	72	19
14 bis 15	68	49	44	73	18
16 bis 17	67	50	43	74	17
18 bis 19	66	51	42	75	16
20 bis 21	65	52	41	76	15
22 bis 23	64	53	40	77	14
24 bis 25	63	54	39	78	13
25 bis 27	62	55	38	79	12
28	61	58	37	80 bis 81	11
29 bis 30	60	57	36	82	10
31	59	58	35	83	9
32 bis 33	58	59	45	84 bis 85	8
34	57	60	32	86 bis 87	7
35	56	61	31	88	6
36 bis 37	55	62	30	89 bis 91	5
38	54	63	29	92 bis 93	4
39	53	64	28	94 bis 96	3
40	52	65	27	ab 97	2
41 bis 42	51	66	26		
43	50	67	26		

Zusatzversicherungen zur Kapital-/Leibrentenversicherung

Diese Versicherungen werden nur als Zusatz zu einer Kapital- bzw. Leibrentenversicherung abgeschlossen. Ohne die Hauptversicherung kann ein solcher Zusatz nicht weiterbestehen.

Die Berufsunfähigkeits-Zusatzversicherung

Die folgenden grundsätzlichen Ausführungen zur Überlegung, ob eine Berufsunfähigkeitsversicherung notwendig ist, gelten sowohl für die selbständige Berufsunfähigkeitsversicherung als auch für die Berufsunfähigkeits-Zusatzversicherung.

Sozialrente nur Grundschutz

Jeder 5. Angestellte und sogar jeder 4. Arbeiter muß wegen Erwerbs- oder Berufsunfähigkeit vorzeitig aus dem Berufsleben aussteigen, ermittelten die Rentenversicherungsträger für 1994. Dabei bietet ihm die Sozialrente nur einen Grundschutz.
Mit durchschnittlich rund DM 1 100,00 greift der Staat einem berufstätigen Mann, der seinen Beruf nur noch mit halber Kraft ausüben kann, monatlich unter die Arme. Ein Erwerbsunfähiger, der überhaupt nicht mehr regelmäßig arbeiten kann, erhält im Schnitt rund DM 1 600,00.

> Faustregel: Bei Berufsunfähigkeit zahlt die gesetzliche Rentenversicherung etwa 27 % des Bruttoeinkommens, bei Erwerbsunfähigkeit rund 40 %. Für Berufsanfänger gilt das aber nicht. Wer noch keine fünf Jahre in die Rentenkasse eingezahlt hat, erhält keinen Pfennig.

Deshalb ist eine solide private Vorsorge unerläßlich, wenn nicht Mittel für diese Fälle aus anderen Quellen, z. B. aus Vermögen oder Mieterträgen, zur Verfügung stehen. Dies gilt im besonderen Maße für alle, die schon jetzt aus staatlicher Kasse wenig oder gar nichts bekommen: Berufsanfänger, junge Familien, auch Beamte mit wenigen Dienstjahren und fast alle Selbständigen.
Die häufigste Ursache für Berufsunfähigkeit sind Krankheiten. Im Gegensatz zur weitverbreiteten Meinung ist das Unfallrisiko gering; nur einer von zehn Berufsunfähigen muß deshalb seinen Job aufgeben. In neun von zehn Fällen sind dagegen schwere Krankheiten für den Verlust der Arbeitskraft verantwortlich. Die meisten Berufsunfähigen leiden unter Herz-, Kreislauf- und Knochenerkrankungen.

Rund 1,8 Millionen Menschen erhalten eine gesetzliche Rente wegen Berufs- oder Erwerbsunfähigkeit. Jährlich kommen etwa 170 000 hinzu!

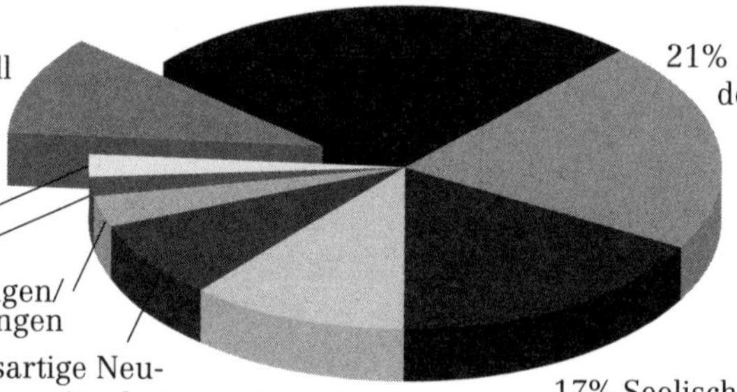

%-Zahlen gerundet, Quelle: Statistisches Jahrbuch 1994

Leistungsbeispiele

Beruf/Alter bei Berufsunfähigkeit	Ursache der Berufsunfähigkeit	Jährliche Rente
Selbständiger Geschäftsführer, 40 Jahre	Der Geschäftsführer Peter B. erkrankte an einem Stimmbandkarzinom. Trotz vieler Operationen mußte das Stimmband teilweise entfernt werden. Seine Tätigkeit als Geschäftsführer fortzusetzen war unmöglich, da eine Sprachbehinderung zurückblieb.	52 623 DM
Karosserie- und Fahrzeugbauer, 27 Jahre	Obwohl schon viele Jahre im Beruf, reagierte Bernhard O. plötzlich allergisch auf Ausdünstungen von Stoffen, die in der Werkstatt verwendet wurden. Eine hyperaktive Bronchitis war die Folge, an eine weitere Ausübung des Berufes nicht mehr zu denken.	26 367 DM
Selbständiger Winzer, 32 Jahre	Michael P. erkrankte schon vor acht Jahren unheilbar an einer Immunschwäche. Seinen Beruf mußte er zwangsläufig aufgeben, der Lebensunterhalt war durch Arbeit nicht mehr zu sichern.	32 792 DM

Beruf/Alter bei Berufsunfähigkeit	Ursache der Berufsunfähigkeit	Jährliche Rente
Zahnarzt, 45 Jahre	Stefan O. erlitt eine Netzhauterkrankung. Die Folge war der Verlust der zentralen Sehschärfe. Das sogenannte „Stereo-Sehen“ war nicht mehr möglich und er mußte seine Tätigkeit als Zahnarzt aufgeben. Da es keine Behandlungsmöglichkeit für diese Krankheit gibt, ist die Berufsunfähigkeit von nicht absehbarer Dauer.	28 800 DM
Selbständiger Masseur und Bademeister, 47 Jahre	Als Ursache einer Niereninsuffizienz muß Rainer M. mehrmals in der Woche zur Dialyse. Seine Massage- und Bäderpraxis kann er nicht weiterführen, da dies Gefühlsstörungen an Händen und Füßen nicht zulassen. Zudem sind ihm keine schweren körperlichen Arbeiten zuzumuten. Auch nach einer beabsichtigten Nierentransplantation wird die Berufsunfähigkeit noch ca. 2 Jahre fortbestehen.	54 480 DM

Im Gegensatz zur selbständigen Berufsunfähigkeitsversicherung bietet die Berufsunfähigkeits-Zusatzversicherung den umfassenderen Schutz. Berufsunfähigkeits-Zusatzversicherungen enden spätestens mit Ablauf der Hauptversicherung. Ist jedoch die Auszahlung der Hauptversicherung – also die Versicherungssumme zuzüglich prognostizierter Gewinnanteile – in richtiger Höhe berechnet worden, so ist auch über das Ende der Versicherungslaufzeit hinaus – bei Verrentung der Versicherungsauszahlung – eine lebenslange Rente weiterhin gewährleistet.

Versicherungsbedingungen

Grundsätzlich gelten für die Berufsunfähigkeits-Zusatzversicherung die gleichen Versicherungsbedingungen wie für die selbständige Berufsunfähigkeitsversicherung: Der Versicherte erhält eine monatliche Rente, wenn er voraussichtlich dauernd berufsunfähig ist und seinen zuletzt ausgeübten Beruf nicht mehr ausüben kann – und zwar unabhängig von seinen sonstigen Einkünften. Dauerhaft bedeutet für die meisten Versicherer, daß der Kunde voraussichtlich drei Jahre lang berufsunfähig sein wird. Läßt sich das von vornherein noch nicht sagen, so muß der Versicherte, der berufsunfähig

Karenzzeit = Wartezeit

geworden ist, eine gewisse Karenzzeit, sprich Wartezeit, erfüllen. Diese Wartezeit kann üblicherweise frei vereinbart werden zwischen sofortigem Anspruch und zwei Jahren.

Pauschal- und Staffelregelung

Genauso wie bei der selbständigen Berufsunfähigkeitsversicherung haben Sie die Möglichkeit, zwischen einer Pauschalregelung und einer Staffelregelung zu wählen. Bei der Pauschalregelung setzt sofort die vollständige Beitragsfreiheit ein, bei der Staffelregelung erfolgt die Reduzierung der Beitragszahlung im gleichen Verhältnis, wie die Rente gezahlt wird.

Wichtig ist die Höhe der Rentenzahlung für alle, deren Existenz von ihrer Arbeitskraft abhängt – z. B., weil sie im Notfall nicht auf ein ausreichendes Vermögen zurückgreifen können. Die Höhe der privaten zusätzlichen Absicherung hängt davon ab, welche Leistungen sie aus anderen Versicherungen (gesetzliche Rente, Betriebsrente) erwarten können.

Junge Leute mit knappen Einkommen sollten eine hohe Rente vereinbaren, weil sie noch ohne gesetzlichen Schutz sind, d. h. keine Versicherungsleistungen aus der gesetzlichen Rentenversicherung beziehen können.

Längerbeschäftigte können ihren gesetzlichen Anspruch bei der Rentenanstalt erfragen. Dieser Sockelbeitrag läßt sich dann privat aufstocken – im Idealfall bis zum Nettoeinkommen.

Daß bisher nur wenige Bundesbürger diese Lücken geschlossen haben, hat seine Gründe. Die Vorstellung, Invalide zu werden, weckt Existenzängste und wird deshalb gerne verdrängt. Die Versicherungsvertreter reißen sich selten um den Verkauf der Berufsunfähigkeits-Zusatzversicherung. Eine seriöse Beratung ist aufwendig und bringt, gemessen daran, wenig Provisionen. Außerdem ist das Risiko der Ablehnung durch die Gesellschaft beim Einschluß des Berufsunfähigkeitsrisikos erheblich höher als bei einer Kapitallebensversicherung ohne Zusatzversicherung.

Teilschutz für Berufsunfähigkeit

Beim Abschluß einer Kapitallebensversicherung vereinbaren sie gerne einen Teilschutz für Berufsunfähigkeit, nämlich die Beitragsbefreiung bei Berufsunfähigkeit. Ihr Verkaufsargument: Wird die versicherte Person berufsunfähig, läuft die Lebensversicherung weiter, ohne daß weitere Prämien gezahlt werden müssen.

Der Haken an der Sache: Der Versicherte spart zwar für seinen späteren Ruhestand, er erhält aber in der akuten Not der Berufsunfähigkeit keinerlei Rente! Der Sinn der Berufsunfähigkeits-Zusatzversicherung (BUZ) besteht aber darin, daß genau dann eine Rente gezahlt wird. Das allerdings ist nicht ganz billig, weil der Versicherer ein hohes Risiko trägt. So muß die Gesellschaft knapp

DM 500 000,00 zahlen, wenn ein Versicherter 20 Jahre lang DM 2 000,00 als vereinbarte Monatsrente bekommt.
Damit man für sich selbst entscheiden kann, welche Versicherungsform überhaupt für welches Risiko die beste ist, sollte man sich zuvor darüber informieren, welche Möglichkeiten der Versicherung es überhaupt gibt.

EXKURS

Versicherungszeit
Als Versicherungszeit bei der Berufsunfähigkeitszusatzversicherung (BUZ) bezeichnet man den Zeitraum, in dem Sie für das Risiko der Berufsunfähigkeit versichert sind.

Leistungsdauer
Als Leistungsdauer bezeichnet man die Zeit, in der Sie eine Rente wegen Berufsunfähigkeit bekommen.

Es ist also nicht unbedingt notwendig, daß Versicherungszeit und Leistungsdauer übereinstimmen.
Sollten Sie vor dem 55. Lebensjahr berufsunfähig werden, wird sicherlich ein höherer Versicherungsbedarf festgestellt werden können als dann, wenn Sie nach dem 55. Lebensjahr berufsunfähig werden. Im ersten Fall ist Ihr Anspruch an die gesetzliche Rentenversicherung sicherlich noch äußerst niedrig und Sie haben noch nicht die Möglichkeit gehabt, sich aus Arbeitseinkommen Vermögen zu schaffen. Im zweiten Falle kann dies schon anders sein. Sie können mit höheren Leistungen aus der Rentenversicherung rechnen, Sie haben mittlerweile Anspruch auf eine betriebliche Altersversorgung und Sie haben die Möglichkeit gehabt, sich aus Arbeitseinkommen Vermögen zu bilden.

Ihr Versicherungsschutz für Berufsunfähigkeit könnte so aussehen: Werde ich vor dem 45. Lebensjahr berufsunfähig, so erhalte ich pro Monat bis zu meinem 65. Lebensjahr DM 3 000,00 Rente im Monat. Werde ich zwischen dem 45. und 55. Lebensjahr berufsunfähig, so erhalte ich bis zum 65. Lebensjahr DM 2 000,00 Monatsrente. Werde ich nach dem 55. Lebensjahr berufsunfähig, so erhalte ich keinerlei Rente. Dies ist nur ein Beispiel. Sie können für sich selber individuell angemessene Beitrags- und Leistungszeiten vereinbaren. Auch die Höhe der Rente ist, dem Alter des Versicherungsnehmers entsprechend, frei vereinbar.

Überschußbeteiligung bei der Berufsunfähigkeits-Zusatzversicherung (BUZ)

Drei Möglichkeiten der Verwendung der Gewinnanteile bei der BUZ stehen zur Wahl:

- Der Beitragsabzug: Durch die Verrechnung mit den Gewinnanteilen werden die Beiträge für die BUZ reduziert.
- Verzinsliche Ansammlung: Die Gewinne werden angesammelt, verzinsen sich mit jährlich ca. 5 bis 7 % und werden am Ende der Vertragslaufzeit ausgezahlt.
- Die Bonusrente: Zusätzlich zur vereinbarten Rente aufgrund von Berufsunfähigkeit werden – je nach Gesellschaft unterschiedlich – zwischen 25 % und 33 ⅓ % der Rente als Bonus ausgezahlt. Einige Gesellschaften gehen darüber hinaus soweit, daß sie einen „Akademikerbonus“ in Höhe von 50 % zahlen, wenn die versicherte Person einen Hochschulabschluß nachweisen kann.

Nachversicherungsgarantie

Wenn Sie sich für die Bonusrente entscheiden, achten Sie bitte darauf, daß auch hier eine Nachversicherungsgarantie für den Fall gewährt wird, daß die prognostizierten Boni herabgesetzt werden müssen. Sonst hätten Sie nicht die Möglichkeit, eine Rente in der errechneten Höhe wirklich zu bekommen.

Die Renten werden bei Rentenbezug Jahr für Jahr angeglichen. Sie erhöhen sich, je nach Gesellschaft unterschiedlich, zur Zeit zwischen 3 % und 4 % zur Vorjahresrente. Dieser Tatbestand hat weitreichende Konsequenzen für die gesamte Ausgestaltung des Versicherungsvertrags, für die Hauptversicherung und die Berufsunfähigkeits-Zusatzversicherung.

Beispiel: Sie vereinbaren eine Berufsunfähigkeitsrente von monatlich DM 2 000,00, die bis zum 65. Lebensjahr gezahlt werden soll. Zu diesem Zeitpunkt muß Ihnen dann ein Kapital zur Verfügung stehen, das so bemessen ist, daß Sie daraus weiterhin DM 2 000,00 Rente, bei Kapitalverzehr, beziehen können. Ist kein eigenes Vermögen oder keine Erbschaft vorhanden, so muß die Kapitalauszahlung der Lebensversicherung bei ca. DM 240 000,00 liegen. Erhöht sich jetzt aber während der Rentenbezugszeit Ihre monatliche Berufsunfähigkeitsrente jährlich um 3 % bis 4 % gegenüber der Vorjahresrente, so kann es ohne weiteres dahin kommen, daß Sie zum Ende der Vertragslaufzeit, also mit dem 65. Lebensjahr, nicht nur DM 2 000,00 sondern DM 4 000,00 Berufsunfähigkeitsrente beziehen. In diesem Fall reicht ein Kapital in Höhe von DM 240 000,00 nicht aus, es müßten statt dessen etwa DM 480 000,00 zur Verfügung stehen. Die Hauptversicherung muß also im Falle einer Rentenbezugszeit auch dynamisch gestaltet werden können, so daß am Ende der Laufzeit die benötigte Summe ausbezahlt wird. Optimal ist es, wenn diese Dynamik der Hauptversicherung während der Rentenbezugszeit beitragsfrei durchgeführt werden kann. Auf diesen Tatbestand sollten Sie beim Abschluß der Versicherung sehr großen Wert legen.

Dynamik

Auch Berufsunfähigkeitsrenten unterliegen der Besteuerung des Ertragsanteils. Erhält ein 40jähriger wegen Berufsunfähigkeit bis zu seinem 65. Lebensjahr eine jährliche Rente von DM 36 000,00, so sind in diesem Fall 41 % der Rente, also DM 14 760,00, steuerpflichtig.

Steuer

Unfalltod-Zusatzversicherung

Tritt der Tod des Versicherten durch Unfall ein, sorgt der Einschluß dieser Zusatzversicherung dafür, daß – wie normalerweise vereinbart – die doppelte Todesfallsumme ausgezahlt wird. Dieser Zusatz ist jedoch Unsinn! Denn warum sollte, wenn bei Tod des Versicherten Geldbedarf besteht, dieser bei Tod durch Unfall doppelt so hoch sein?

Darüber hinaus ist sie bei nahezu allen Versicherten mit einem Beitrag von mehr als DM 0,80 je DM 1 000,00 Versicherungssumme im Jahr zu teuer. Die meisten Versicherer wollen etwa DM 1,20 pro DM 1 000,00 Unfalltodversicherungssumme haben.

Haben Sie eine solche Unfalltod-Zusatzversicherungsklausel in einer Police, sollten Sie diese schleunigst kündigen.

Todesfall-Risiko-Zusatzversicherung

Wenn Sie eine Kapitalversicherung abschließen wollen und Ihnen aber die versicherte Todesfallsumme nicht ausreicht, können Sie grundsätzlich eine Risiko-Zusatzversicherung abschließen. Insbesondere bei Tarifen der neuen Generation mit Stückkosten (jede Police kostet z. B. DM 24,00 pro Jahr extra) und zur Vermeidung von Beitragszuschlägen wegen zu geringer Versicherungssumme in der Kapitallebensversicherung ist eine solche Risikoversicherung eventuell sinnvoll.

Trotzdem sollten Sie überprüfen, ob eine für den Bedarf zeitlich begrenzte Risikoversicherung bei einem Direktanbieter, der z. B. besondere Konditionen für Nichtraucher anbietet, nicht erheblich preiswerter abgeschlossen werden kann.

Zeitrenten-Zusatzversicherung

Neben der Versicherungssumme erhält der Bezugsberechtigte bei Tod der versicherten Person aus der Zeitrenten-Zusatzpolice eine monatlich ausgezahlte Rente bis zum im Versicherungsschein festgelegten Ablauf. Die Laufzeit entspricht meist derjenigen der Kapitallebensversicherung, sie kann aber auch kürzer gewählt werden. Interessant ist diese Police für Versicherte, deren Erben eine hohe Steuerbelastung haben, da die nach dem Tod des Versicherten gezahlten Renten nur mit dem Ertragsanteil steuerlich als Einkommen der aus der Police Begünstigten behandelt werden. Dadurch muß nur der in der Ertragsanteilstabelle (siehe S. 98) ausgewiesene Prozentsatz als Einkommen versteuert werden.

Absicherung einer Immobilienfinanzierung

Manchmal wird die Zeitrenten-Zusatzversicherung zur Absicherung einer Immobilienfinanzierung abgeschlossen, damit im Todesfall aus den fließenden Zeitrenten Zins und Tilgung weiter bezahlt werden können. Bei eigengenutzten Immobilien ist das aber nicht sinnvoll. In einem solchen Fall sollte eine ausreichend hohe Restschuldversicherung den Erben die sofortige Kreditrückzahlung aus der Todesfallsumme ermöglichen. Können und sollen allerdings die Schuldzinsen nach dem Tod der versicherten Person steuerlich abgesetzt werden, dann sieht die Sache schon wieder anders aus.

Dread disease-Police (Schwerstkrankheiten-Kapitallebensversicherung)

Bei dieser Variante der Kapitallebensversicherung zahlt der Versicherer auch, wenn die versicherte Person an einer unheilbaren Krankheit leidet und mit recht hoher Wahrscheinlichkeit vor Vertragsablauf sterben wird.

Vielleicht will man sich dann, wenn feststeht, daß man so krank ist, noch etwas Besonderes gönnen und das Leben genießen, solange es noch geht. Oder man braucht Geld für teure medizinische Behandlung, die die Krankenkasse nicht ersetzt.

Versicherte Schwerstkrankheiten

Problematisch ist aber, daß diese Variante nur bei bestimmten Krankheiten eine vorzeitige Auszahlung der Versicherungssumme ermöglicht. Als Schwerstkrankheiten sind üblicherweise versichert: Multiple Sklerose, Nierenversagen (Notwendigkeit der Dialysebehandlung), Bypass-Operation, Krebs, Herzinfarkt und Schlaganfall. Dabei ist nicht jeder Herzinfarkt versichert. Es wird nur bezahlt, wenn durch Verschluß von Herzkranzgefäßen ein Teil des Herzmuskels abgestorben ist und es sich darüber hinaus um keinen „stummen“ Infarkt handelt. Bei Bypass-Operationen, Krebs und Multipler Sklerose besteht eine 3monatige Wartezeit nach Abschluß

des Versicherungsvertrages. Wenn jemand Aids hat und gleichzeitig Krebs, wird nicht gezahlt, ebenso nicht, wenn der Krebs keine Tendenz aufweist, in anderes Gewebe einzudringen oder keine Tendenz zur Metastasenbildung zeigt. Sogenannte maligne Melanome sind versichert, andere Hauttumore nicht, ebenfalls nicht isolierte Knoten der Brustdrüse.
Bei Nierenversagen wird nur geleistet, wenn es nicht mehr ohne Dialyse (Blutwäsche durch künstliche Niere) geht. Bei Multipler Sklerose muß ein Nachweis von Krankheitsherden mittels Computer- oder Kernspinresonanztomographie erbracht werden, und es muß bereits zu typischen neurologischen Ausfällen (z. B. Lähmungen) gekommen sein.

Zusätzliche Kosten

Die Dread-disease-Deckung kostet normalerweise einen Aufpreis von ca. 10 % zur Kapitallebensversicherung. Der große Vorteil dieser Police ist zwar, daß der Versicherungsfall „schwere Krankheit" viel leichter festzustellen ist als eine mehr als 50 %ige Berufsunfähigkeit.
Dennoch gibt es auch hier problematische Grenzfälle, und vor allem: Gerade im Zusammenhang mit Versicherungen gilt das „Gesetz von der größten Gemeinheit"! Mit anderen Worten: Wer eine solche Police abschließt, wird wahrscheinlich eine schwere Krankheit bekommen, die gerade nicht versichert ist.
Da diese Dread-disease-Police nicht alle Gesellschaften anbieten, sollten Sie sich in jedem Falle darüber informieren, ob es sich lohnt, z. B. bei einer nicht ganz so ertragsstarken Gesellschaft abzuschließen, nur weil sie diesen unvollständigen Versicherungsschutz anbietet.

Dynamik-Varianten

Erhöhung ohne Gesundheitsprüfung

Auf Wunsch räumen Lebensversicherer das Recht auf planmäßige Erhöhung der Beiträge und/oder der Versicherungssumme ohne erneute Gesundheitsprüfung ein.
Mit der Dynamik bieten Lebensversicherer die Möglichkeit, den Geldwert zu erhalten und Versicherungsschutz und Kapitalbildung den steigenden Bedürfnissen problemlos anzupassen.
Eine Mitteilung über die Erhöhung erhalten Sie jedes Jahr rechtzeitig vor dem Erhöhungstermin. Sie können die Erhöhung auch ablehnen. Lehnen Sie jedoch öfter als zweimal nacheinander ab, ist bei einem späteren Wiedereinschluß der Dynamik eine erneute Gesundheitsprüfung vorgesehen.

Sechs Varianten der Dynamik sind möglich:

- Rentenversicherung – Relation: Der Beitrag erhöht sich jährlich um den gleichen Prozentsatz wie der Höchstbeitrag in der gesetzlichen Rentenversicherung der Angestellten, mindestens jedoch um 5 % des Anfangsbeitrages.
- Rentenversicherung – Absolut: Der Beitrag erhöht sich jährlich um 25, 50 oder 100 % der absoluten Steigerung des Höchstbeitrages in der gesetzlichen Rentenversicherung der Angestellten.
- Vorjahres-Beitrag: Der Beitrag erhöht sich jährlich um 5 bis 10 % des Vorjahresbeitrages.
- Vorjahres-Summe(-Rente): Die Versicherungssumme (Rente) erhöht sich jährlich um 5 bis 10 % der Vorjahres-Versicherungssumme(-Rente).
- Anfangs-Beitrag: Der Beitrag erhöht sich jährlich um 5 bis 10 % des Anfangsbeitrages.
- Anfangs-Summe(-Rente): Die Versicherungssumme (Rente) erhöht sich jährlich um 5 bis 10 % der Anfangs-Versicherungssumme (-Rente).

Den jährlichen Mehrbeitrag verwendet der Versicherer bei Kapitallebensversicherungen, um die Versicherungssummen zu erhöhen. Diese Erhöhung funktioniert wie ein Neuabschluß: Es fallen wieder Abschlußkosten anteilig auf die erhöhte Versicherungssumme an. Dabei wirkt einerseits beitragssteigernd, daß sich Ihr Alter seit der letzten Dynamikanpassung jeweils um ein Jahr erhöht hat (höheres Eintrittsalter), andererseits wirkt die aber nun kürzere Restlaufzeit beitragsmindernd. Da der Effekt Beitragssteigerung durch höheres Alter den der Beitragsminderung durch kürzere Restlaufzeit übertreffen kann, die Rendite der dynamischen Kapitallebensversicherung dann also schmälert, ist es ratsam, die Dynamik nach etwa ⅔ der Laufzeit wieder aufzuheben. Dies können Sie bei jeder Dynamikerhöhung einfach tun, indem Sie den Policennachtrag der Erhöhung einfach mit dem handschriftlichen Vermerk „hiermit widerspreche ich der Dynamik endgültig“ versehen und ihn an die Versicherungsgesellschaft zurückschicken. Zu diesem Zeitpunkt sollte dann lieber zusätzlich zur bestehenden Kapitallebensversicherungen eine aufgeschobene Leibrentenversicherung mit einem geringen Monatsbeitrag abgeschlossen werden, die sich dann weiterhin dynamisch aufbaut.

Aufhebung der Dynamik

Bei der Leibrentenversicherung spielt das höhere Eintrittsalter und somit höhere Risiko wie bei der Kapitallebensversicherung keine Rolle, da hier nur Sparanteile verzinslich angesammelt werden.

Ihre persönliche Bedarfsanalyse

Keiner, auch nicht der beste Versicherungsfachmann, kennt Ihren persönlichen Bedarf besser als Sie selbst! Um diesen Bedarf der Höhe und der Risiken festzustellen, ist eine gewisse Systematik der Analyse notwendig.

Die Versicherungsgesellschaften haben in den Tarifen der jüngsten Generation die aktuellen Grundlagen – Sterbetafeln und Berufsunfähigkeitsstatistiken – eingearbeitet. Die Tarife sind zum allergrößten Teil so flexibel aufgebaut, daß sich jeder Versicherungsbedarf für jeden Zeitraum, den Sie wollen, absichern läßt.

Hieraus resultiert eine Schwierigkeit: Die Gesellschaften lassen sich nicht mehr so leicht nach Tarifbeiträgen, Bedingungen und Ablaufleistungen vergleichen. Ausschlaggebend ist vielmehr, ob die Gesellschaft Ihren persönlichen Versicherungsbedarf vollständig befriedigt und wie flexibel diese Konstruktion auf sich verändernde Rahmenbedingungen reagieren kann.

Persönlicher Versicherungsbedarf

Bei reinen Risikoversicherungen ist es sicherlich sinnvoll, preiswerte Direktversicherer zu bevorzugen. Bei der Planung und Realisierung von komplizierten Versorgungsmodellen ist es aber wichtig, persönlich mit kompetenten Fachleuten zu sprechen, die Ihnen helfen, den unübersichtlichen Versicherungsmarkt zu analysieren. Oftmals ist es auch sinnvoll, nicht nur „auf ein Pferd zu setzen", sondern sich ein Versorgungskonzept aus den Angeboten mehrerer Versicherer zusammenstellen zu lassen.

Qualifizierte Versicherungsmakler

Hierbei ist die Hilfe qualifizierter Versicherungsmakler sinnvoll, da diese kraft Gesetz dazu verpflichtet sind, Sie nach „best advice" zu beraten. Das heißt, sie müssen Ihnen die Gesellschaften empfehlen, die für Sie und Ihren Bedarf das beste Preis-Leistungsverhältnis anbieten.

Lassen Sie sich, aus Haftungsgründen, vom Versicherungsfachmann schriftlich bestätigen, daß er als Versicherungsmakler tätig ist, und eine ausreichend hohe Vermögensschaden-Haftpflichtversicherung hat.

In der privaten Versorgung – Altersversorgung durch Versicherungen – sollten Sie sich grundsätzlich immer die folgenden drei Fragen stellen:

1. Muß ich das Risiko versichern?
2. Wie hoch ist mein Bedarf jetzt?
3. Wie hoch wird sich der Bedarf zukünftig entwickeln?

Erst dann, wenn diese Fragen geklärt sind, sollte der Preisvergleich eine Rolle spielen.

Variable Beitragshöhe

Denn es besteht die Möglichkeit, durch reduzierte Anfangsbeiträge, die sich an Ihrer Einkommensentwicklung orientieren, oder durch „Abspecken“ der Versicherungsleistung die Beiträge Ihren Wünschen anzupassen.

Sie sollten feststellen, welche Wertigkeit die folgenden versicherungstechnischen Details für Sie haben:

Berufsunfähigkeit/Erwerbsunfähigkeit

- Wie hoch ist zur Zeit mein gesetzlicher Anspruch?
- Welche sonstigen Einkünfte habe ich? Z. B. betriebliche Altersversorgung, Einkünfte aus Mieten, Kapitalvermögen usw.
- Kann ich mir auch dann, wenn ich heute berufs- bzw. erwerbsunfähig werde, z. B. für die Altersversorgung noch Vermögenswerte schaffen?
- Beim Abschluß einer Berufsunfähigkeitsversicherung (hier ist es egal, ob reine Berufsunfähigkeitsversicherung oder Berufsunfähigkeits-Zusatzversicherung): Wie lange soll die Versicherungsdauer und/oder die Leistungsdauer sein?
- Steht dann, wenn ich berufsunfähig geworden bin und der Vertrag ausläuft, genügend Kapital zur Verfügung, so daß ich auch weiterhin meinen gewohnten Lebensstandard aufrechterhalten kann?
- Wie hoch soll die Rente ausfallen, wenn ich heute oder erst in 10, 15 oder 20 Jahren berufsunfähig werde?

Altersversorgung

- Wie hoch ist zur Zeit mein gesetzlicher Anspruch?
- Wie hoch wird er in meinem 60./65. Lebensjahr sein?
- Was habe ich aus Zusatzversorgungen, z. B. der betrieblichen Altersversorgung oder der Zusatzversorgung des Bundes oder der Länder usw., zu erwarten?
- Wird Vermögen bereitstehen, z. B. aus Erbschaften?
- Wie sieht meine Altersversorgung aus, wenn ich heute berufs- oder erwerbsunfähig werde?
- Welche Wünsche und Erwartungen habe ich für meinen Ruhestand und was kosten sie?
- Will ich zu bestimmten Zeiten eine Kapitalzahlung oder eine Rente erhalten?
- Wie flexibel kann ich im Abrufen des Kapitals oder der Rente sein (flexibler Ablauf oder flexible Rentenbeginnphase)?

Bedenken Sie bitte, daß eine lebenslange Monatsrente in Höhe von DM 1 000,00, die Sie ab dem 65. Lebensjahr erhalten möchten, versicherungsmathematisch einen Kapitaleinsatz im 65. Lebensjahr von ca. DM 120 000,00 (bei Kapitalverzehr) erfordern. Wünschen Sie diese Rente schon ab dem 60. Lebensjahr, so erhöht sich der Kapitalbedarf auf ca. DM 150 000,00. *Kapitalbedarf*

Diese Parameter sind für Sie wichtig, wenn Sie berechnen wollen, welchen Kapitalbedarf Sie haben, falls Sie berufsunfähig oder erwerbsunfähig werden, eine Rente bekommen wollen und diese mit Ablauf der Hauptversicherung ausläuft.

Hinterbliebenenversorgung

Hier sollten Sie sich die Fragen stellen:

- Habe ich heute für Hinterbliebene zu sorgen?
- Welche Summe benötigt nach meinem Tod meine Frau?
- Wie lange müssen noch Kinder versorgt werden?
- Müssen Schulden abgedeckt werden?
- Wie hoch ist der Bedarf?
- Stehen im Falle meines Todes andere Vermögenswerte zur Verfügung?
- Wie hoch sind meine Ansprüche bei den öffentlichen Versorgungsträgern wie BfA oder Beamtenversorgung oder bei der betrieblichen Altersversorgung im Falle meines Todes?
- In welcher Höhe muß ich für wie lange meinen Tod versichern?

Konzeption der Versorgung

Nachdem Sie auf diese Weise Ihren persönlichen Bedarf festgestellt haben, entscheiden Sie, ob überhaupt oder welche Form der Versicherung für Sie in Frage kommt.

Kapitalbedarf gedeckt

Haben Sie festgestellt, daß Sie für die Altersversorgung keinerlei Geldmittel zusätzlich aus Versicherungsleistungen benötigen, sollten Sie auf den Abschluß einer Kapitallebensversicherung oder Leibrentenversicherung verzichten. In diesem Falle ist der Abschluß von Risikoversicherungen für den Fall des Todes und/oder der Berufsunfähigkeit sinnvoll. Wählen Sie für sich die richtige Laufzeit, Gewinnverwendungsart und dann die Gesellschaft mit dem besten Preis-Leistungsverhältnis.

Beim Abschluß einer Berufsunfähigkeitsversicherung sollten Sie die für Sie zutreffende wählen, je nachdem von welchem Prozentsatz der Berufsunfähigkeit an die Rente gezahlt werden soll. Wählen Sie die für Sie richtige Versicherungszeit und die richtige Leistungsdauer aus.

Kapital notwendig

Haben Sie festgestellt, daß Sie im Alter zusätzliches Kapital aus Versicherungsleistungen benötigen, sollten Sie den Abschluß einer Kapital- oder Leibrentenversicherung in Erwägung ziehen. Achten Sie auf die Vertragsform des flexiblen Ablaufs, damit Sie in den letzten fünf bis zehn Jahren vor Ablauf der Versicherung die Möglichkeit haben, sich für eine Summe oder für eine Rente zu entscheiden. Der Todesfallschutz läßt sich in die modernen Modultarife nahezu unbegrenzt flexibel nach Höhe und Laufzeit integrieren. Dies trifft auch für die Berufsunfähigkeits-Zusatzversicherung zu. Sie können individuell die Laufzeit Ihrer Rente und die Höhe Ihrer Rente festlegen. Sie sollten beim Abschluß einer Berufsunfähigkeits-Zusatzversicherung in jedem Fall darauf bestehen, daß auch beim Rentenbezug der Berufsunfähigkeitsrente die Hauptversicherung mit oder ohne eigene Beitragszahlung dynamisch gesteigert werden kann, damit am Vertragsende nach der dynamisch gestiegenen Berufsunfähigkeitsrente ein vergleichbares Kapital oder eine gleichwertige Altersrente gezahlt wird.

Lebensversicherung und Scheidung

Ein Selbständiger hat für seine Altersversorgung vier verschiedene Lebensversicherungen abgeschlossen. Nach 12jähriger Ehe und 10jähriger Laufzeit der Versicherungen wird ihm der Scheidungsantrag seiner Frau zugestellt.

Ausgleich des ehelichen Zugewinns

Ehegatten, die keinen Gütervertrag abgeschlossen haben, leben im gesetzlichen Güterstand der Zugewinngemeinschaft. Dies bedeutet, daß am Ende der Ehezeit Zugewinnansprüche der Ehegatten untereinander ausgeglichen werden. Zum Zeitpunkt der Beendigung des gesetzlichen Güterstandes – Zustellung des Scheidungsantrages – muß also ein Ausgleich des Zugewinns stattfinden. Hierzu muß jeder Ehegatte auf Verlangen des anderen sein Vermögen zum Stichtag darlegen.

Kapitallebensversicherungen gehören zum Zugewinn. Bei der Bewertung ist grundsätzlich auf den Rückkaufswert an diesem Stichtag abzustellen. Je länger der Versicherungsvertrag läuft, um so eher ist hier ein Zuschlag gerechtfertigt, da mit zunehmender Laufzeit die Wahrscheinlichkeit steigt, daß nicht nur der Rückkaufswert abgerufen wird, sondern die gesamte Versicherungssumme zuzüglich der Gewinnanteile. Im Falle einer Scheidung hat also der Versicherungsnehmer die Hälfte des Rückkaufswerts (gegebenenfalls mit einem Zuschlag) an den anderen Ehepartner zu bezahlen.

Lebensversicherung und Erbrecht

Der Empfänger der Versicherungsleistung ist der Bezugsberechtigte. Dies bedeutet, daß der Anspruch aus einer Lebensversicherung bzw. einer Kapitalversicherung auf den Todesfall beim Tod des Versicherungsnehmers nicht zu dessen Nachlaß gehört, wenn bereits im Versicherungsschein die Versicherung zur Leistung an einen Bezugsberechtigten verpflichtet wurde, der dann einen unmittelbaren Anspruch auf die Versicherungssumme gegen die Versicherung hat. Dies gilt auch dann, wenn die Benennung des Bezugsberechtigten widerruflich erfolgte.

Bezugsberechtigten benennen

Ist ein Bezugsberechtigter nicht angegeben und damit der Versicherungsnehmer bezugsberechtigt, dann gehört der Anspruch zum Nachlaß. Die Besteuerung dieses Vertrags erfolgt nach der Erbschaftssteuer.

Muster für Versicherungsvorschläge

Auf den nächsten Seiten zeigen Ihnen Musterrechnungen, wie unterschiedliche Versicherer versuchen, den Bedarf abzudecken, den Sie für sich erkannt haben.
Es wurde keine „Auswahl" getroffen. Die hier gezeigten Beispiele stellen nicht unbedingt die preisgünstigsten Angebote dar. Sie müssen für sich – mit oder ohne Hilfe – die Gesellschaften herausfinden, die Ihre persönlichen Versorgungsbedürfnisse am besten erfüllen.

Beispiel 1

Herr M. hat ein privates Darlehen in Höhe von DM 100 000,00 von seinen Eltern erhalten. Er muß es in 20 Jahren zurückgezahlt haben. Für den Todesfall sollen die Eltern sofort ihr Geld zurückerhalten. Herr M. ist Raucher.

Herrn/Frau/Firma
Mustermann

80333 München

Vers. Person:	Mann
Vers.beginn:	11.1996
Eintrittsalter:	30 Jahre
Vers.dauer:	20 Jahre

Unser Vorschlag für eine Risikoversicherung

RL1M Risikoversicherung mit gleichbleibender Versicherungssumme
Rauchertarif

Ihr Zahlbeitrag

Ihr Jahresbeitrag beläuft sich auf	DM 204,34
Der Zahlbeitrag ergibt sich durch Abzug der Überschußanteile vom Bruttobeitrag in Höhe von	DM 601,00

Die Überschußanteile können nicht für die gesamte Beitragsdauer garantiert werden.
Der Beitrag ist unter den Voraussetzungen des § 10 EStG im Rahmen der Höchstgrenzen steuerbegünstigt.

Todesfalleistung

Todesfallsumme	DM 100 000,00

Die Entwicklung der Todesfalleistung ist in der beiliegenden Leistungsübersicht dargestellt.

Umtausch

Gegen einen Mehrbeitrag von DM 36,06 können Sie Ihre Versicherung ohne erneute Gesundheitsprüfung in eine kapitalbildende Lebensversicherung mit gleicher oder geringerer Versicherungssumme umtauschen. Das Umtauschrecht erlischt zum Ende des 10. Versicherungsjahres, spätestens jedoch dann, wenn die versicherte Person das 65. Lebensjahr vollendet hat.

Überschußbeteiligung

Die Überschußanteile der Hauptversicherung werden mit den Beiträgen verrechnet.

Gesundheitsprüfung

In unserem Versorgungsvorschlag wurden normale Gesundheitsverhältnisse vorausgesetzt.

Ihr Ansprechpartner

Mustervermittler
(Anschrift und Telefon)

Beispiel 2

Wenn Herr M. nicht raucht, muß er erheblich weniger zahlen.

Herrn/Frau/Firma	Vers. Person: Mann
Mustermann	Vers.beginn: 11.1996
	Eintrittsalter: 30 Jahre
80333 München	Vers.dauer: 20 Jahre

Unser Vorschlag für eine Risikoversicherung

RL1M Risikoversicherung mit gleichbleibender Versicherungssumme
Nichtrauchertarif

Ihr Zahlbeitrag

Ihr Jahresbeitrag beläuft sich auf DM 126,82
Der Zahlbeitrag ergibt sich durch Abzug der Überschuß-anteile vom Bruttobeitrag in Höhe von DM 373,00
Die Überschußanteile können nicht für die gesamte Beitragsdauer garantiert werden.
Der Beitrag ist unter den Voraussetzungen des § 10 EStG im Rahmen der Höchstgrenzen steuerbegünstigt.

Todesfalleistung

Todesfallsumme DM 100 000,00
Die Entwicklung der Todesfalleistung ist in der beiliegenden Leistungsübersicht dargestellt.

Nichtraucherstatus

Eine Änderung des Nichtraucherstatus ist innerhalb von 3 Monaten schriftlich mitzuteilen. Tritt nach Ablauf dieser Frist der Leistungsfall ein, ohne daß eine Änderungsanzeige erfolgt ist, vermindert sich die Versicherungssumme im Verhältnis des erforderlichen Beitrages zum gezahlten Beitrag.

Umtausch

Gegen einen Mehrbeitrag von DM 22,38 können Sie Ihre Versicherung ohne erneute Gesundheitsprüfung in eine kapitalbildende Lebensversicherung mit gleicher oder geringerer Versicherungssumme umtauschen. Das Umtauschrecht erlischt zum Ende des 10. Versicherungsjahres, spätestens jedoch dann, wenn die versicherte Person das 65. Lebensjahr vollendet hat.

Überschußbeteiligung
Die Überschußanteile der Hauptversicherung werden mit den Beiträgen verrechnet.

Gesundheitsprüfung
In unserem Versorgungsvorschlag wurden normale Gesundheitsverhältnisse vorausgesetzt.

Ihr Ansprechpartner
Mustervermittler
(Anschrift und Telefon)

Beispiel 3

Herr M. hat durch seine persönliche Versorgungsanalyse festgestellt, daß er einen Bedarf von DM 2 000,00 im Monat hat, wenn er berufsunfähig werden würde. Diese Rente soll bis zum 60. Lebensjahr bezahlt werden.

Die flexible Berufsunfähigkeits-Police

Ein Versorgungsvorschlag für Herrn Mustermann
Alter: 30 Jahre
Beruf/Branche: Angestellter Büro

Mit diesen Leistungen können Sie rechnen
Leistungen während einer mindestens 50%igen Berufsunfähigkeit (BU)
- keine weitere Beitragszahlung und
- Berufsunfähigkeitsrente monatlich bis Endalter 60 Jahre — DM 2 000,00
- Erweiterte BU-Deckung

Überschußbeteiligung, wenn keine BU-Leistungen in Anspruch genommen werden (Schlußüberschuß)* — DM 1 726,92

Versicherungsschutz, den Sie sich leisten können
Ihre Aufwendungen

Gesamt-Beitrag monatlich einschließlich Erweiterter BU-Deckung	DM 87,15
Gesamt-Zahlbeitrag monatlich*	DM 67,16

Die Daten für Ihren Antrag

Versicherte Person	Mustermann
Alter	30 Jahre
Versicherungsbeginn	1.11.1996
Technisches Alter	30 Jahre
Tarif	B 1
Überschußsystem	Beitragsverrechnung
Berufsunfähigkeitsrente monatlich	DM 2 000,00
Versicherungsdauer/Endalter	30 Jahre/60 Jahre
Beitrag monatlich für Tarif B 1	DM 87,15
Berechnung auf der Basis	monatliche Rente
Vorgabewert	DM 2 000,00

Wichtige Hinweise zum Schluß

Die Versicherungsbedingungen zu diesem Versorgungsvorschlag finden Sie in der Verbraucherinformation für die Berufsunfähigkeits-Versicherung (Stand 1/96).
Für die Berufsunfähigkeitsversicherung ist Erweiterte BU-Deckung vereinbart. Hierfür ist im Beitrag ein Zuschlag eingerechnet.
Zögern Sie nicht. Je eher Sie Ihren Antrag stellen, desto eher können wir über die Annahme entscheiden und Ihnen Versicherungsschutz bieten.

** Überschußbeteiligung*

Die angegebenen Leistungen aus der Überschußbeteiligung können nicht garantiert werden. Sie gelten nur dann, wenn die zur Zeit festgesetzten Überschußanteile während der gesamten Versicherungsdauer unverändert bleiben.

Beispiel 4

Herr M. hat die Möglichkeit, diese Berufsunfähigkeitsversicherung im Rahmen eines Gruppenversicherungsvertrages abzuschließen. Dadurch verringert sich sein Beitrag.

Die flexible Berufsunfähigkeits-Police

Ein Versorgungsvorschlag für Herrn Mustermann
Alter: 30 Jahre
Beruf/Branche: Angestellter Büro

Mit diesen Leistungen können Sie rechnen

Leistungen während einer mindestens 50 %igen Berufsunfähigkeit

– keine weitere Beitragszahlung und	
– Berufsunfähigkeitsrente monatlich bis Endalter 60 Jahre	DM 2 000,00
– Erweiterte BU-Deckung	
Überschußbeteiligung, wenn keine BU-Leistungen in Anspruch genommen wurden (Schlußüberschuß)*	DM 1 450,00

Versicherungsschutz, den Sie sich leisten können

Ihre Aufwendungen

Gesamt-Beitrag monatlich einschließlich Erweiterter BU-Deckung	DM 71,93
Gesamt-Zahlbeitrag monatlich*	DM 55,14

Die Daten für Ihren Antrag

Versicherte Person	Mustermann
Alter	30 Jahre
Versicherungsbeginn	1.11.1996
Technisches Alter	30 Jahre
Tarif	BG 1
Überschußsystem	Beitragsverrechnung
Berufsunfähigkeitsrente monatlich	DM 2 000,00
Versicherungsdauer/Endalter	30 Jahre/60 Jahre
Beitrag monatlich für Tarif BG 1	DM 71,93
Berechnung auf der Basis	monatliche Rente
Vorgabewert	DM 2 000,00

Wichtige Hinweise zum Schluß

Die Versicherungsbedingungen zu diesem Versorgungsvorschlag finden Sie in der Verbraucherinformation für die Berufsunfähigkeits-Versicherung (Stand 1/96).

Sondertarif im Rahmen eines Gruppenversicherungsvertrags.

Für die Berufsunfähigkeitsversicherung ist Erweiterte BU-Deckung vereinbart. Hierfür ist im Beitrag ein Zuschlag eingerechnet.

** Überschußbeteiligung*

Die angegebenen Leistungen aus der Überschußbeteiligung können nicht garantiert werden. Sie gelten nur dann, wenn die zur Zeit festgesetzten Überschußanteile während der gesamten Versicherungsdauer unverändert bleiben.

Beispiel 5

Herr M. hat festgestellt, daß er monatlich DM 2 000,00 Rente benötigt, falls er berufsunfähig werden sollte. Da er nicht damit rechnen kann, im Alter über höhere Vermögenswerte verfügen zu können, ist es für ihn wichtig, daß diese Rente auch lebenslang gezahlt wird.

Herrn
Mustermann

Vers.beginn	11.1996
Eintrittsalter	30 Jahre
Vers.dauer	35 Jahre

Unser Vorschlag für Ihre Berufsunfähigkeitsversorgung

SBULM Selbständige Berufsunfähigkeitsversicherung mit verlängerter Leistungsdauer

Ihr Zahlbeitrag

Ihr monatl. Anfangsbeitrag beträgt DM 112,80
Der Zahlbeitrag ergibt sich durch Abzug der Überschußanteile vom Bruttobeitrag in Höhe von DM 150,40
Die Überschußanteile können nicht für die gesamte Beitragsdauer garantiert werden.
Der Beitrag ist unter den Voraussetzungen des § 10 EStG im Rahmen der Höchstgrenzen steuerbegünstigt.

Versorgung bei Berufsunfähigkeit

Für die Leistungsdauer der BU (70 Jahre) sind bei einer Berufsunfähigkeit von mindestens 50 % keine weiteren Beiträge mehr zu zahlen.
Zudem gibt es die BU-Rente von monatlich DM 2 000,00
Die BU-Rente wird ab dem 65. Lebensjahr lebenslang gezahlt, wenn Sie seit dem 50. Lebensjahr ununterbrochen BU-Leistungen erhalten haben.
Bei Berufsunfähigkeit infolge Pflegebedürftigkeit wird die BU-Rente gemäß der Pflegestufe gewährt (Pflegestufe III = 100 %, II = 70 %, I = 40 %).
Bei vereinbarter BU-Staffelung von 25 % (bzw. 33 ⅓ %) wird die Rente bis 75 % (bzw. 66 ⅔ %) entsprechend dem Grad der Berufsunfähigkeit gewährt.
Laufende BU-Renten werden ab dem 2. Rentenjahr jährlich um 3 % der Vorjahresrente erhöht.

Dynamik
Durch Einschluß der Dynamik ist sichergestellt, daß Ihre Versorgung an die steigende Einkommensentwicklung angepaßt wird.
In Ihrem Fall werden die Beiträge jährlich um 7 % des Anfangsbeitrages erhöht.
Die sich hieraus ergebenden Erhöhungsrenten sind in der beiliegenden Leistungsübersicht dargestellt.

Überschußbeteiligung
Die Entwicklung der Überschußanteile ist in der beiliegenden Leistungsübersicht dargestellt.

Rückkaufswert
Die Berufsunfähigkeitversicherung selbst ist nicht rückkaufsfähig.

Ihr Ansprechpartner
Versicherungsmakler

Gesundheitsprüfung
Versicherte Person: Mustermann

Erforderliche Unterlagen
Ohne ärztliche Untersuchung, wenn Antragsfragen sorgfältig beantwortet. (Hausarztbericht wird von Fall zu Fall und nach Notwendigkeit von der Hauptverwaltung angefordert. Aus diesem Grund ist Name und Anschrift des Hausarztes notwendig.)

Beispiel 6

Herr Sch., jung verheiratet, hat sein Jurastudium beendet und tritt sein Referendariat an. Als Beamter auf Widerruf sieht seine Beamtenversorgung kaum Leistungen vor. Deshalb benötigt Herr Sch. Versicherungsschutz für Berufsunfähigkeit und Altersvorsorge. Leider kann er sich bei seinem geringen Referendariatseinkommen keine „normale" Lebensversicherung leisten.

Sicherheitsvorschlag mit Risikovorschaltung

Versicherungstechnische Daten

Versicherte Person:	männlich	Vertragsbeginn	1.11.1996
Geburtsdatum:	20.6.1970	Vertragssumme:	DM 60 000,00
Eintrittsalter:	26 Jahre	Beitrag monatlich:	DM 150,27
Vertragsdauer:	39 Jahre	zu zahlender Beitrag:	DM 148,30
Beitragszahlungsdauer:	39 Jahre	Risikobeitrag monatlich	DM 27,53
Risikovorschaltdauer:	2 Jahre	zu zahlender Risikobeitrag	DM 26,38
Beginn Abrufphase:	1.11.2025		
Ende Abrufphase:	1.11.2035		

Leistungen bei Erleben

	zu Beginn der Abrufphase	zum Ende der Abrufphase
garantiert	60 000	DM 106 560
+ Erlebensfallbonus	49 646	DM 132 603
= mögliche Ablaufleistung	109 646	DM 239 164

Leistungen bei Tod während der Risikovorschaltung

	versichert	
Todesfallsumme	bis 1.11.1998	DM 60 000
+ Überschuß aus Zusatzversicherungen (im 1. Jahr)		DM 3
= Gesamttodesfalleistung (im 1. Jahr)		DM 60 003

Leistungen bei Tod nach Risikovorschaltung

	versichert	
Todesfallsumme	bis 1.11.2035	DM 60 000
+ Überschuß aus Zusatzversicherungen (im 3. Jahr)		DM 5
= Gesamttodesfalleistung (im 3. Jahr)		DM 60 005

Leistungen bei Berufsunfähigkeit oder Pflegebedürftigkeit

	versichert	
Beitragsfreiheit aus Tarif B	bis 1.11.2025	
monatliche Rente aus Tarif Ra	bis 1.11.2025	DM 166,67

Eine Leistung aus der Ra-Rente wird bis zum 1.11.2035 gewährt.

Überschußbeteiligung unverbindlich – Stand 1996 – Beachten Sie hierzu die „Wichtigen Hinweise", die Bestandteil Ihres Angebotes sind.

Überschußverwendung

HV: Erlebensfallbonus nach Risikovorschaltdauer

ZVS: Abzug vom Beitrag

Wertentwicklung zum Angebot vom 3. Oktober 1996 mit Risikovorschaltung für 1. versicherte Person

Eintrittsalter:	26 Jahre	Vertragssumme:	DM 60 000
Vertragsdauer:	39 Jahre	Beitrag monatlich:	DM 150,27
Beitragszahlungsdauer	39 Jahre	zu zahlender Beitrag:	DM 148,30
Risikovorschaltdauer:	2 Jahre	Risikobeitrag monatlich:	DM 27,53
Beginn Abrufphase:	1.11.2025	zu zahlender Risikobeitrag	DM 26,38
Ende Abrufphase:	1.11.2035		

	Rückkaufswerte			Todesfalleistungen		
Jahr	garantiert	Überschuß	gesamt	garantiert	Überschuß	gesamt
3	0	17	17	60 000	5	60 005
4	0	65	65	60 000	21	60 021
5	1 238	158	1 396	60 000	59	60 059
6	2 761	300	3 061	60 000	129	60 129
7	4 350	497	4 847	60 000	230	60 230
8	6 006	754	6 760	60 000	363	60 363
9	7 729	1 077	8 806	60 000	527	60 527
10	9 517	1 475	10 992	60 000	724	60 724
11	11 374	1 953	13 327	60 000	954	60 954
12	13 301	2 520	15 821	60 000	1 217	61 217
13	15 299	3 185	18 484	60 000	1 512	61 512
14	17 372	3 957	21 329	60 000	1 841	61 841
15	19 524	4 845	24 369	60 000	2 203	62 203
16	21 758	5 861	27 619	60 000	2 599	62 599
17	24 077	7 019	31 096	60 000	3 030	63 030
18	26 484	8 330	34 814	60 000	3 495	63 495
19	28 983	9 810	38 793	60 000	3 995	63 995
20	31 578	11 474	43 052	60 000	4 531	64 531
21	34 268	13 806	48 074	60 000	5 102	65 102
22	37 059	16 503	53 562	60 000	5 710	65 710
23	39 954	19 615	59 569	60 000	6 354	66 354
24	42 961	23 186	66 147	60 000	8 498	68 498
25	46 091	27 252	73 343	60 000	15 037	75 037
26	49 353	31 870	81 223	60 000	22 041	82 041
27	52 753	37 096	89 849	60 000	29 540	89 540
28	56 299	42 996	99 295	60 000	37 572	97 572
29	60 000	49 646	109 646	60 000	46 180	106 180
während der Abrufphase						
30	63 943	55 102	119 045	67 308	49 646	116 954
31	68 032	61 066	129 098	71 612	55 102	126 714

32	72271	67580	139851	76074	61066	137140
33	76666	74685	151351	80700	67580	148280
34	81221	82429	163650	85495	74685	160180
35	85942	90861	176803	90464	82429	172893
36	90833	100036	190869	95613	90861	186474
37	95898	110009	205907	100945	100036	200981
38	101140	120843	221983	106462	110009	216471
39	106560	132604	239164	112168	120843	233011

Wichtige Hinweise zum Angebot vom 3. Oktober 1996 mit Risikovorschaltung für 1. versicherte Person

nach Tarif mit Abrufphase

Antrags- und Risikoprüfung

Die Annahme des Angebotes durch die Gesellschaft ist abhängig vom Ergebnis der jeweiligen Antrags- und Risikoprüfung. Es gelten die Allgemeinen und die entsprechenden Besonderen Bedingungen der ... Lebensversicherung.

Leistungen während der Risikovorschaltdauer

Bei Eintritt eines Versicherungsfalles während der verminderten Beitragszahlung wird der notwendige Ausgleichsbeitrag zuzüglich Verzugszinsen an den Leistungen (Todesfallsumme, Berufsunfähigkeits- bzw. Pflegerente) gekürzt. Der Vertrag wird damit so gestellt, als ob ab Beginn der volle Beitrag gezahlt worden wäre.
Bei Kündigung erlischt der Vertrag ohne weitere Ansprüche.

Überschußverwendung

Unsere Kapitalversicherungen sind bereits ab Beginn überschußberechtigt. Die jährlich anfallenden Überschußanteile werden in zusätzliche beitragsfreie Erlebensfallsummen umgewandelt und erhöhen so die Leistung bei Ablauf (Erlebensfallbonus).
Für die übrigen Zusatzversicherungen werden die jährlichen Überschußanteile mit dem Tarifbeitrag verrechnet (Beitragsabzug). Die Leistungen aus der Überschußbeteiligung können nicht garantiert werden. Sie gelten nur dann, wenn die derzeit festgesetzten Überschußanteilsätze während der gesamten Versicherungsdauer unverändert bleiben. Die Gutschriften aus der Überschußbeteiligung sind in den ersten Jahren deutlich geringer als in den letzten Jahren der Vertragslaufzeit. Weitere Informationen, insbesondere über den Verlauf der künftigen

Überschußbeteiligung im Todes- und Rückkaufsfall, enthalten unsere Beispielrechnungen, die Sie bei uns anfordern können.

Abrufphase
Sie haben die Option Abrufphase vereinbart. Dadurch haben Sie in den letzten 10 Jahren der vereinbarten Vertragslaufzeit die Möglichkeit, Ihre Versicherung jederzeit monatlich vorzeitig zu beenden und sich die erreichte Versicherungsleistung ungekürzt auszahlen zu lassen.

Dynamische Rente bei Berufsunfähigkeit oder Pflegebedürftigkeit
Nach Leistungsbeginn bewirken die auf Zusatztarif Ra entfallenden Überschußanteile eine jährliche Erhöhung der fälligen Berufsunfähigkeitsrente (gegebenenfalls einschließlich Bonusrente) um derzeit 3,2 %. Die auf Zusatztarif B entfallenden Überschußanteile bewirken eine weitere Erhöhung dieser Rente.

Beispiel 7

Herr K. macht sich als EDV-Berater selbständig. Da er nun nicht mehr rentenversicherungspflichtig ist, möchte er gerne wissen, was er in der privaten Vorsorge für den Beitrag erhält, den er als Selbständiger mit einem Einkommen von ca. DM 6 000 monatlich in die Rentenversicherung einzahlen müßte.

Herr
Mustermann

Versicherungsbeginn:	1.11.1996
Geburtsdatum:	20.9.1960
Eintrittsalter:	36
Schlußalter:	65
mit Abrufmöglichkeit ab	60

Vorschlag für eine Versicherung nach Tarif Gemischte Versicherung/Renditeplan

Versorgung bei Berufsunfähigkeit (BU)
Nach 0 Monaten Karenzzeit

Versicherungsdauer	bis Alter	Leistungsdauer	bis Alter	Jahresrente
19	55	29	65	72 000
19	55	29	65	Beitragsbefreiung

Die Beitragsbefreiung mit 10 % garantierter Steigerung stellt sicher, daß auch im Berufsunfähigkeitsfall eine Dynamik ohne weitere Beitragszahlung durchgeführt werden kann.
(Ist nur wirksam, wenn Dynamik beantragt wird.)

Die monatliche BU-Rente beträgt zu Versicherungsbeginn DM 6000.

Laufende Renten erhöhen sich ab 2. Rentenjahr jährlich um 3,6 % der Vorjahresleistung.* (BU-Rente und Leistung aus Beitragsbefreiung)
Kein risikorelevanter Beruf angegeben.

Gesamte Schlußzahlung aus BUZ* DM 2616

Versorgung der Hinterbliebenen

bei Tod DM 276998
+ Überschuß*

Versorgung zum 60. Lebensjahr

Erlebensfallkapital	DM 276998
Überschuß*	DM 234775
Gesamtleistung*	DM 511773

Versorgung zwischen dem 61. und 65. Lebensjahr

Die Hauptversicherung steigt nach dem 60. Lebensjahr bis zum Schlußalter 65 ständig an und kann jährlich abgerufen werden. In diesen fünf Jahren ergeben sich folgende Versicherungs- und Gesamtleistungen inkl. Überschüsse.*

	Versicherungssumme	Gesamtleistung*
1. Jahr	DM 296397	DM 558448
2. Jahr	DM 316479	DM 608499
3. Jahr	DM 337267	DM 662173
4. Jahr	DM 358787	DM 719737
5. Jahr	DM 381064	DM 781476

Die jeweilige Versicherungssumme wird bei Tod oder bei Abruf im entsprechenden Versicherungsjahr fällig.

Aufwand

Jährlicher Gesamtbeitrag		DM 13516,80
	ermäßigt*	DM 12573,60
1/12 Beitrag		DM 1182,50
	ermäßigt*	DM 1100,00

Der Jahresbeitrag setzt sich zusammen:

		Beitrag	ermäßigt*
Hauptversicherung		DM 8 801,10	DM 8 801,10
Beitragsbefreiung	bis 55	DM 1 081,40	DM 865,10
Bu-Rente	bis 55	DM 3 634,30	DM 2 907,40
In der Renditephase ab Alter 60 1/12-Beitrag			DM 769,90

Der Beitrag ist unter den Voraussetzungen des § 10b EStG im Rahmen der Höchstgrenzen steuerbegünstigt.

Dynamik

Vereinbaren Sie die Erhöhung von Beitrag und versicherter Leistung, dann paßt sich Ihre Vorsorge der durchschnittlichen Einkommensentwicklung an. Dies erfordert keine erneute Gesundheitsprüfung. Der Wert Ihrer Vorsorge erhöht sich, und sie bleibt kaufkraftstabil.

**** Überschußbeteiligung***

Erlebensfallbonussystem

Die angegebenen Leistungen aus der Überschußbeteiligung können nicht garantiert werden. Sie gelten nur dann, wenn die zur Zeit erklärten Gewinnanteilsätze für die gesamte Versicherungsdauer unverändert bleiben.

Die Gutschriften aus der Überschußbeteiligung sind in den ersten Jahren deutlich geringer als in den letzten Jahren der Vertragslaufzeit.

Die Sofortgewinnbeteiligung wird für das erste Versicherungsjahr garantiert, bei unveränderten Überschußsätzen auch für die folgenden Jahre.

Weitere Informationen enthält unsere Hochrechnung, die Sie bei Ihrem Vermittler anfordern können.

Hinweis zur ärztlichen Untersuchung

Dieser Vorschlag setzt normale Gesundheitsbedingungen voraus.

Eine Spezialuntersuchung ist notwendig.

Nähere Erläuterungen erhalten Sie von Ihrem Vermittler.

Beispiel 8

Nachdem sich Herr M. von der BfA seine Ansprüche berechnen ließ, möchte er gerne wissen, was ihn eine zusätzlich garantierte private Rente in Höhe von DM 500,00 monatlich ab dem 65. Lebensjahr kosten würde.

Herrn
Mustermann

Versicherungsbeginn:	1.11.1996
Geburtsdatum: M	20.6.1946
Eintrittsalter:	50
Rentenbeginnalter:	65

Vorschlag für eine Altersversorgung
Aufgeschobene Leibrente

Versorgung zum 65. Lebensjahr

Sie erhalten eine lebenslang garantierte Altersrente von	jährlich	DM 6 000
Durch die Gewinnbeteiligung erhöht sich Ihre Rente zusätzlich:		
um die Bonusrente*	jährlich	DM 2 552
um die flexible Überschußrente* (Überschußverwendungs-System F)	jährlich	DM 2 874
Zu erwartende Gesamtrente*	jährlich	DM 11 426

Bitte beachten Sie den wichtigen Hinweis zur Überschußbeteiligung.
Die Gesamtrente wird in Raten 1/12-jährlich vorschüssig gezahlt. DM 952,20

Statt dieser Rente können Sie eine Kapitalabfindung wählen.

Kapitalleistung garantiert	DM 84 028
Überschuß*	DM 35 734
Gesamte Kapitalleistung*	DM 119 762

Rückgewähr

Bei Tod vor Beginn des Rentenbezugs werden die für die Altersrente entrichteten Beiträge und zusätzlich die bis dahin angefallenen Überschüsse in voller Höhe zurückgezahlt.

Rentengarantie

Rentenzahlung bis zum Tod, mindestens aber für 6 Jahre ab Rentenbeginn.

Aufwand
1/12-Beitrag DM 396,30

Dynamik
Vereinbaren Sie die Erhöhung von Beitrag und versicherter Leistung, dann paßt sich Ihre Vorsorge der Einkommensentwicklung an. Der Wert Ihrer Vorsorge erhöht sich, und sie bleibt kaufkraftstabil. Die Leistungserhöhung kann nach den im Erhöhungszeitpunkt geltenden Kalkulationsgrundlagen berechnet werden.

Hinweis zur steuerlichen Behandlung
Die Altersrente aus diesem Vertrag unterliegt in Höhe des Ertragsanteils der Einkommensteuer gemäß § 22 EStG.
Der Beitrag ist unter den Voraussetzungen des § 10 EStG im Rahmen der Höchstgrenzen steuerbegünstigt.
Wegen weiterer steuerlicher Fragen stellen wir Ihnen gerne detailliertere Informationen zu diesem Vorschlag zur Verfügung.

** Überschußbeteiligung*
Die angegebenen Leistungen aus der Überschußbeteiligung können nicht garantiert werden. Sie gelten nur dann, wenn die zur Zeit erklärten Gewinnanteilsätze für die gesamte Versicherungsdauer unverändert bleiben. Die Gutschriften aus der Überschußbeteiligung sind in den ersten Jahren deutlich geringer als in den letzten Jahren der Vertragslaufzeit vor Rentenbeginn.
Weitere Informationen enthält unsere Hochrechnung, die Sie bei Ihrem Vermittler anfordern können. Bei Antragstellung brauchen Sie noch kein Überschußverwendungssystem festzulegen, sondern erst mit Rentenbeginn.

Verlängerte Lebenserwartung
Dieser Vorschlag berücksichtigt die gestiegene Lebenserwartung. Der Tarifkalkulation liegt die aktuelle Sterbetafel DAV 1994 R zugrunde. Dies gilt auch für die Prognose der Bonusrenten. Bei Rentenbeginn berechnen wir die Bonusrente nach den dann gültigen Sterbetafeln.

Staffelzins
Die garantierte Altersrente stellt einen Mindestbetrag dar. Der Berechnung liegt ein garantierter Zins von 4 % zugrunde. Sofern bei Rentenbeginn ein höherer Rechnungszins zulässig ist, können wir einen höheren Garantiezins, möglicherweise zeitlich gestaffelt, zugrundelegen. Dadurch erhöht sich die lebenslang garantierte Altersrente.

Beispiel 9

Bei Frau M. wurde zu ihrem 60. Geburtstag eine Kapitallebensversicherung fällig. Frau M. möchte sich mit den ausgezahlten DM 100 000,00 gerne eine sofort beginnende Leibrente erkaufen.

Frau Muster	Versicherungsbeginn:	1.1.1997
	Geburtsdatum: F	20.6.1937
	Eintrittsalter:	60
	Rentenbeginnalter:	60

Vorschlag für eine Altersversorgung
Sofort beginnende Leibrente

Sie erhalten eine lebenslang garantierte Rente von	jährlich	DM 5 788
Durch die Gewinnbeteiligung erhöht sich Ihre Rente zusätzlich um die flexible Überschußrente		
Wir zahlen Ihnen z.Z. 2,10 % Ihres eingesetzten Kapitals zusätzlich als Überschußrente* in Höhe von	jährlich	DM 2 100
(Überschußverwendungs-System F)		
Gesamtrente*	jährlich	DM 7 888
Wir überweisen die Gesamtrente in 1/12-jährlichen Raten in Höhe von erstmals zum 1.2.1997		DM 657,30

Im Falle einer Verbesserung der Gewinnbeteiligung werden zusätzliche Überschußanteile zur Erhöhung der Gesamtrente verwendet. Die Auszahlung des Erhöhungsbetrages erfolgt ab dem auf die Zuteilung folgenden Bezugsjahr. Gezahlte Erhöhungsbeträge sind lebenslang garantiert.

Rückgewähr

Das eingesetzte Kapital abzüglich der ausgezahlten Tarifrenten wird im Todesfall an die Erben zurückgezahlt.

Aufwand

Einmalbeitrag	DM 100 009

Hinweis zur steuerlichen Behandlung
Die Altersrente aus diesem Vertrag unterliegt in Höhe des Ertragsanteils der Einkommensteuer gemäß § 22 EStG.
Wegen weiterer steuerlicher Fragen stellen wir Ihnen gerne detailliertere Informationen zu diesem Vorschlag zur Verfügung.

** Überschußbeteiligung*
Die angegebenen Leistungen aus der Überschußbeteiligung können langfristig nicht garantiert werden. Sie gelten nur dann, wenn die zur Zeit erklärten Gewinnanteilsätze für die gesamte Versicherungsdauer unverändert bleiben. Die Gewinnanteilsätze hängen in erster Linie von den Kapitalerträgen, dem Verlauf der Lebenserwartung unserer Versicherten und auch von den Kosten ab. Je nach Entwicklung können sich deshalb die Gewinnanteilsätze während der Versicherungsdauer erhöhen oder reduzieren.

Verlängerte Lebenserwartung
Dieser Vorschlag berücksichtigt die gestiegene Lebenserwartung. Der Tarifkalkulation liegt die aktuelle Sterbetafel DAV 1994 R zugrunde.

Beispiel 10

Herr und Frau M. verdienen beide sehr gut. Nach eingehender Beratung mit ihrem Steuerberater entschließen sie sich, ein Appartment zu kaufen, das sie vermieten wollen. Ihre selbstgenutzte Eigentumswohnung ist auch noch mit DM 100 000,00 belastet. Das Ehepaar interessiert sich für eine Lebensversicherung auf zwei verbundene Leben mit einem Todesfallschutz von DM 300 000,00 und einer Auszahlung zum Bezahlen des Appartments nach 29 Jahren in Höhe von DM 200 000,00.

Unser Vorschlag für eine Kapitalversicherung

G5 Kapitalversicherung auf den Todes- und Erlebensfall für zwei verbundene Leben mit 200 % Todesfalleistung

Ihr Zahlbeitrag
Ihr Vierteljahresbeitrag beläuft sich auf DM 906,95
Der Beitrag ist unter den Voraussetzungen des § 10 EStG im Rahmen der Höchstgrenzen steuerbegünstigt.

Versorgung nach 29 Jahren

Erlebensfallsumme	DM 100 000,00
+ Bonussumme	DM 57 166,00
+ Schlußüberschußanteil HV	DM 44 545,00
Gesamte Ablaufleistung	DM 201 711,00

Versorgung der Hinterbliebenen

Todesfallsumme DM 200 000,00

Die Überschußbeteiligung ist als Anlage dargestellt.

Zusätzlich zu den vereinbarten Todesfalleistungen wird ein Todesfallschutz in Höhe von 100 % der Erlebensfallsumme fällig.

Abrufzeitpunkt

Als Versicherungsnehmer können Sie Ihre Versicherung ohne Stornoabzug und ohne Einbuße bei den Schlußüberschußanteilen jederzeit ab dem Zeitpunkt beenden, ab dem die Summe aus Deckungskapital und Überschußguthaben der Hauptversicherung die Erlebensfallsumme erreicht hat.

Selbstverständlich können Sie auch die reguläre Beendigung des Vertrages abwarten.

Der Abrufzeitpunkt ist nach 22 Jahren und 2 Monaten erreicht. Das Abrufkapital beträgt dann DM 123 613,27

Überschußbeteiligung

Die Entwicklung der Überschußanteile ist in der beiliegenden Leistungsübersicht dargestellt.

Gesundheitsprüfung

In unserem Versorgungsvorschlag wurden normale Gesundheitsverhältnisse vorausgesetzt.

Anschlußversicherung ohne erneute Gesundheitsprüfung

Rechtzeitig vor Ablauf dieser Versicherung unterbreiten wir Ihnen ein Angebot, nach dem Sie eine Anschlußversicherung ohne erneute Gesundheitsprüfung abschließen können. Diesem Angebot müßten Sie allerdings mindestens 6 Monate vor Ablauf der bestehenden Versicherung zustimmen.

Ihr Ansprechpartner

Versicherungsmakler

Herrn und Frau
Mustermann
67346 Speyer

Vers. Personen
1. geb. 2.5.65 m
2. geb. 21.11.60 w
Beginn 11.1996

Leistungsübersicht: Überschußbeteiligung

Tarif (1)	Hauptversicherungsrabatt	
Eintrittsalter 1. VP	31	
Eintrittsalter 2. VP	36	
mittleres Eintrittsalter	31	
Versicherungsdauer/Aufschub	29	
Versicherungssumme Tod	200 000	
Versicherungssumme Erleben	100 000	
Gesamt-Zahlbeitrag	906,95	¼-jährlich rabattiert

Bonus mit Todesfallbonus (100,00)

nach Jahren	Bonus-summe	Todesfall-leistung	Rückkaufs-wert	Beleihungs-wert
1		300 000		
2		300 000	1 023	921
3		300 000	3 860	3 453
4	95	300 000	6 697	5 935
5	416	300 000	9 756	8 563
6	866	300 000	12 988	11 292
7	1 446	300 000	16 398	14 127
8	2 155	300 000	19 993	17 068
9	2 995	300 000	23 777	20 120
10	3 966	300 000	27 752	23 283
11	5 069	300 000	32 002	26 628
12	6 307	300 000	36 495	32 846
...				
19	20 433	300 000	77 832	70 048
20	23 172	300 000	85 471	76 924
21	26 073	300 000	93 655	84 290
22	29 154	300 000	102 461	92 215
23	32 436	300 000	132 429	119 186
24	35 948	300 000	142 919	128 627
25	39 723	300 000	153 881	138 492
26	43 801	307 102	165 356	148 820

nach Jahren	Bonus-summe	Todesfall-leistung	Rückkaufs-wert	Beleihungs-wert
27	48 071	316 392	177 176	159 459
28	52 523	326 046	189 303	170 372
29	57 166	336 082	201 711	

Abrufzeitpunkt: 22 Jahre 2 Monate Abrufkapital: DM 123 613

Die Leistungen aus der Überschußbeteiligung können nicht garantiert werden. Sie gelten nur dann, wenn die für 1996 festgesetzten Überschußanteile während der gesamten Dauer unverändert bleiben.

Altersvorsorge durch Immobilienerwerb

Grundsätzlich sind zwei Möglichkeiten zu unterscheiden: nämlich einmal der Erwerb einer Immobilie, um dann Mieteinnahmen zu erzielen, und zum anderen der Erwerb einer Immobilie, um sie selbst zu bewohnen und die Kosten für die Miete zu sparen.

Stichwort: Wertsteigerung

Geld in Immobilien anzulegen ist insbesondere dann interessant, wenn die Zinsen für Sparguthaben und Festgelder niedrig und damit auch Hypothekendarlehen günstig zu bekommen sind. Immobilien gelten als wertstabil, und es wird im allgemeinen eine nicht unerhebliche Wertsteigerung erwartet. Hierbei darf allerdings nicht übersehen werden, daß eine Wertsteigerung von 20 % (DM 200 000,00 auf DM 240 000,00) in acht Jahren, beispielsweise von 1985 auf 1993, keine tatsächliche Wertsteigerung darstellen würde, sondern lediglich die Inflationsrate auffängt.

Gegen den Erwerb einer Immobilie sind folgende Argumente anzuführen:

Gegenargumente

Die Mieten steigen nicht mehr; bei Neubauten werden die Spitzenmieten von 1993 längst nicht mehr erreicht. Wer also Mieter bleiben will, lebt im Moment in ruhigeren Zeiten. Auch wer sein Geld in Immobilien anlegen möchte, muß berücksichtigen, daß unter Umständen Probleme bei der Vermietung auftreten können, wenn der Mietpreis zu hoch kalkuliert ist. Bei dem geplanten Erwerb eines Eigenheimes gilt es zusätzlich zu bedenken, daß die Realeinkommen stagnieren, die Ausgabenlast steigt, und auch kaum jemand absolut sicher sein kann, daß sein Arbeitsplatz in den nächsten 20 bis 30 Jahren bestehen bleiben wird. Außerdem war 1996 sogar ein leichter Rückgang der Immobilienpreise festzustellen, so daß sich möglicherweise das Abwarten lohnt.

Argumente für eine Immobilie

Andererseits ist gerade das Argument „sinkende Preise" genau das, was gerade jetzt für den Erwerb einer Immobilie spricht. Das Angebot ist so reichhaltig, daß es dem Erwerber eine ruhige Auswahl und Spielraum bei den Preisverhandlungen läßt.

Ob der Bedarf an Wohnraum in Zukunft noch einmal so eine starke Nachfrage bringen wird wie zu Beginn der 90er Jahre, das kann man nicht vorhersagen. Sicher ist allerdings, daß ein starker Bedarf nach Wohnraum generell vorhanden ist, denn inzwischen bewohnen auch Singles lieber eine 2-Zimmer-Wohnung als ein 1-Zimmer-Appartement. Auch ein vom Bundesbauministerium in Auftrag gegebenes Gutachten prognostiziert eine steigende Zahl von Haushalten und damit eine steigende Nachfrage nach Wohnungen.

Wertsteigerungen, wie sie zwischen 1990 und 1995 festzustellen waren, werden jedoch in Zukunft nicht mehr eintreten.

Die Situation war einmalig, und die überzogenen Preise haben inzwischen deutlich eine Korrektur nach unten erfahren.

Kosten einer Immobilie

Egal, ob eine Immobilie zur Geldanlage oder zur Eigennutzung erworben wird – es ist wichtig, sich vor Abschluß des Kaufvertrages umfassend zu informieren. Zunächst ist deshalb festzustellen, was die Immobilie wirklich kostet, also incl. der Kosten des Erwerbs, nämlich eventueller Maklergebühren, Notarkosten und Steuern. Bei Neubauten ist darüber hinaus zu berücksichtigen, daß Sonderwünsche teuer sind und auch die Kosten für Außenanlagen und Anschlüsse nicht vernachlässigt werden dürfen.

Egal, ob es sich um eine selbst- oder fremdgenutzte Immobilie handelt, der Eigentümer/Erwerber sollte immer daran denken, daß außer der monatlichen Zinsbelastung die festen Kosten für Heizung, Strom, Müllabfuhr usw. zu bezahlen sind und daß Rücklagen für Reparaturen gebildet werden müssen. Bei Eigentumswohnungen wird monatlich vom Verwalter ein bestimmter Betrag angefordert, das sogenannte Wohngeld. Nur echte Verbrauchskosten können im Falle einer vermieteten Wohnung als Nebenkosten dem Mieter belastet werden. Berücksichtigt werden müssen Nebenkosten für Heizung, Wasser usw. in Höhe von DM 4,00 bis DM 5,00 pro Quadratmeter.

Standard und Sonderwünsche

Die Unternehmer, die vom Planungsstadium ausgehend Immobilien anbieten, kalkulieren damit, daß der Kunde Sonderwünsche hat. Diese werden dann unverhältnismäßig teuer umgesetzt, denn nur an den Sonderwünschen kann der Anbieter gut verdienen; die Standardausführung ist nämlich meistens sehr knapp kalkuliert. Deshalb ist sicherlich der Kunde gut beraten, der eine gute Standardausstattung wählt. Wie beim Auto gilt auch hier, daß Extras teuer sind, sich aber hinterher – beim Wiederverkauf – selten im erzielbaren Preis niederschlagen.

Risiko der Vermietbarkeit

Der Anleger sollte darauf achten, daß auf dem Markt auch potentielle Mieter mit dem entsprechenden Einkommen nach einer Wohnung suchen, die die notwendige Miete und die Nebenkosten aufbringen können. So manche Wohnung steht leer, weil sich keine Mieter finden lassen, die über ein entsprechendes Einkommen verfügen. Dies gilt besonders für die neuen Bundesländer, in denen manchmal die ursprünglich kalkulierte Miete nicht zu erzielen ist, weil aufgrund der herrschenden Arbeitslosigkeit die Einkommen zu niedrig sind.

Das Risiko der Vermietbarkeit wird gelegentlich vermindert durch eine Mietgarantie des Anbieters. Ob diese dann tatsächlich eventuelle Mietausfälle abdeckt, ist jedoch zu bezweifeln. Sind nämlich die Mietausfälle zu groß, wird ein Anbieter nicht dauerhaft in der Lage sein, jeden Monat die Miete an den Eigentümer zu überweisen.

Vor dem Erwerb einer Immobilie zu Anlagezwecken ist es deshalb unerläßlich, daß der Anleger sich ein genaues Bild vor Ort macht.

„Wert“ einer Immobilie

Das heißt, die Besichtigung des Objekts und der Umgebung wird notwendig.

Man sollte auf eine gute Verkehrsanbindung achten; vor Ort ist auch zu prüfen, ob die Infrastruktur stimmt, ob es Bildungs- und Freizeiteinrichtungen in der Nähe gibt, ob genügend Mietinteressenten in diesem Wohngebiet wohnen wollen.

Die Bauqualität der Immobilie sollte genau überprüft werden. Sie sollte mindestens so gut sein, wie man es von einer Wohnung erwartet, in die man selber einziehen würde.

Beim Erwerb einer „gebrauchten“ Eigentumswohnung muß sich der Käufer über die Höhe der Rücklagen informieren und auch die Protokolle der Eigentümerversammlung studieren, um festzustellen, ob irgendwelche größeren Reparaturen anstehen.

Bankkaufleute rechnen damit, daß in Zukunft ein bestimmter Prozentsatz von Wohnungen und Gewerberäumen leerstehen wird. Das Risiko ist bei Gewerberäumen größer als bei Wohnungen; auf jeden Fall wollen Sie als Anleger das Risiko nicht auf sich nehmen. Deshalb – um die Vermietbarkeit zu sichern – ist die wichtigste Voraussetzung: die optimale Lage der Immobilie.

Wirtschaftlichkeit und Finanzierung

Jeder träumt davon, keine Miete zu zahlen und dieses Geld für andere Dinge ausgeben zu können. Nachdem aber die Finanzierung eines Eigenheims mit der Verpflichtung verbunden ist, Zinsen zu zahlen, stellt sich die Frage, ob sich der ganze Aufwand überhaupt rechnet. Ein Kredit über DM 240 000,00 kostet bei 1 % Tilgung und 100 % Auszahlung monatlich DM 1 600,00. Bis der Kredit getilgt ist – nämlich nach 30 Jahren – hat man insgesamt DM 576 000,00 bezahlt. Dies ist weit mehr als das Doppelte der eigentlichen Kreditsumme.

Finanzierungs- und Mietaufwand

Angenommen, zur Finanzierung stand ein Eigenkapital von 20 % zur Verfügung, so beträgt also der Kaufpreis insgesamt DM 300 000,00. Hierfür kann man eine Immobilie erwerben, für die beispielsweise ein Mieter DM 1 200,00 monatlich bezahlen muß. In 30 Jahren hätte ein Mieter somit insgesamt DM 432 000,00 bezahlt. Dabei wird jedoch eine gleichbleibende Miete vorausgesetzt. Unterstellt man jedoch eine jährliche Mietsteigerung von 4 %, dann muß der Mieter nach 10 Jahren bereits DM 1 776,90 Miete bezahlen, so daß letztendlich nach 30 Jahren der Mieter mehr bezahlt hat als der Immobilienerwerber.

Bei dieser Rechnung wurden jedoch steuerliche Vorteile und Vergünstigungen wie Bausparprämien oder anderes nicht berücksichtigt. Bei unserem Beispiel wurde auch nicht berücksichtigt, daß der Mieter ja theoretisch DM 400,00 monatlich zur Verfügung hätte, die

Wertzuwachs

er anlegen könnte. Dem gegenüber steht jedoch der Wertzuwachs, den eine Immobilie erfahrungsgemäß zu verzeichnen hat. Der Erwerb eines Eigenheims ist also auch unter wirtschaftlichen Gesichtspunkten sinnvoll, unabhängig davon, daß der Eigenheimbesitzer sich keine Gedanken über einen Vermieter machen muß, der ihn möglicherweise alljährlich mit Mieterhöhungen beglückt. Er ist der Herr in seinen eigenen vier Wänden.

Darlehen – Eigenheimzulagegesetz

Bunte Prospekte und große Anzeigen versuchen den Eindruck zu erwecken, daß sich mit der ersparten Miete und der Steuerersparnis ein Eigenheim quasi von alleine finanziert. Dies ist unseriös und

Notwendiges Eigenkapital

hält einer Überprüfung nicht stand. Nötig ist ein Eigenkapital von ca. 20 % bis 30 % des Kaufpreises. Die monatlichen Raten für den zur Finanzierung des Restkaufpreises aufgenommenen Kredit soll-

Monatliche Belastung

ten nicht höher sein als 40 % des Nettoeinkommens. Bei einem Nettoeinkommen von DM 3 000,00 sollte man also keine höhere

Belastung als DM 1 200,00 eingehen. Vor der Finanzierung ist auf jeden Fall ein Preisvergleich notwendig. Die Kreditinstitute verlangen unterschiedliche Zinssätze; auch direkte Verhandlungen über den Zinssatz können durchaus 1/4 bis 1/2 % Nachlaß bringen.

Zinssatz

Bei Vergleich der verschiedenen Zinssätze sollte der Kunde auch den effektiven Zins im Auge behalten, der sich vom Nominalzins durchaus unterscheidet. Beim effektiven Jahreszins werden nämlich die von den Banken berechneten Spesen und Gebühren usw. eingerechnet.

Zinsbindung

Die Baufinanzierung ist eine langfristige Angelegenheit von 20 bis 30 Jahren. Deshalb ist auch die richtige Zinsbindungszeit von Bedeutung. Bei niedrigem Zinsniveau ist eine langfristige Bindung über 10 Jahre gut, bei hohem Zinsniveau ist eine kurzfristige Bindung günstiger. Sie sollten deshalb bei verschiedenen Banken Finanzierungsangebote einholen und durchrechnen, wieviel tatsächlich in 10, 20 bzw. 30 Jahren bei dem von der Bank angebotenen Zinssatz zu bezahlen ist.

Ein Beispiel: Darlehensbetrag: DM 300 000,00 –
Zinssatz: 6,8 % bzw. 7,2 % – Laufzeit: 30 Jahre

Bei einem Prozentsatz von 6,8 % muß der Darlehensnehmer monatlich DM 1 965,00 bezahlen, bei einem Prozentsatz von 7,2 % DM 2 055,00. Nach Ablauf von 30 Jahren hat sich dieser Zinsunterschied zum Betrag von DM 22 538,00 summiert. Dies bei einem Zinsunterschied von nur 0,4 %!

Eigenheimzulagengesetz

Anfang 1996 trat das neue Eigenheimzulagengesetz in Kraft. Eine Zulage kann beanspruchen, wer im laufenden und vergangenen Jahr nicht höhere Einkünfte als DM 240 000,00 (bei Ehegatten DM 480 000,00) hatte. Dies bedeutet, daß ein Ehepaar die Eigenheimzulage in Anspruch nehmen kann, wenn es beispielsweise im Jahr 1996 eine Wohnung erwirbt, bezieht und DM 300 000,00 verdient, im Jahr 1995 DM 140 000,00. Welche Einkünfte in den Vorjahren erzielt wurden, ist egal, ebenso die Entwicklung der Einkünfte nach Bewilligung der Zulage.

Förderung

Der Fördergrundbetrag beträgt bis zu DM 5 000,00 für Neubauten und bis zu DM 2 500,00 für Altbauten. Die Kinderzulage beträgt DM 1 500,00 und wird für jedes Kind gewährt, das im inländischen Haushalt des Anspruchsberechtigten lebt.
Eine Extraprämie erhält, wer besonders energiesparend baut. Wer alle Möglichkeiten ausnutzt, bekommt zusätzlich zu den übrigen

Vergünstigungen für energiesparendes Bauen

Vergünstigungen bis zu DM 7 200,00. Gefördert werden z. B. der Einbau von Solaranlagen, Wärmepumpen und Anlagen zur Wärmerückgewinnung. Für ein Niedrigenergiehaus, d. h. für ein Haus, bei dem die Grenzen der Wärmeschutzverordnung um 25 % unterschritten werden, werden acht Jahre lang DM 400,00 bezahlt. Der entsprechende Nachweis wird durch einen Wärmepaß geführt.

Bei Ausbauten und Erweiterungen kann ebenfalls die Eigenheimzulage angefordert werden. Wenn zum Beispiel bei einem Altbau das Dach ausgebaut wird, werden acht Jahre lang DM 5 000,00 Bauzulage, insgesamt also DM 40 000,00 bezahlt.

Sonderausgaben

Neu geregelt wurde auch der Vorkostenabzug. Bei einer nach dem Eigenheimzulagengesetz begünstigten Wohnung ist nur noch ein Pauschalbetrag von DM 3 500,00 als Sonderausgabe abzugsfähig. Dieser Pauschalabzug wird ohne Nachweis gewährt.

Zahlung der Zuschüsse

Die Zuschüsse zum Eigenheim werden vom Zeitpunkt des Einzugs an bezahlt. Den Antrag stellt man bei dem Finanzamt, das für die Einkommensteuererklärung zuständig ist. Spätestens ein Monat nach Bewilligung überweist das Finanzamt die Beträge, in den darauffolgenden Jahren jeweils am 15. März.

Neue Bundesländer

Weitere Sonderkonditionen werden in den neuen Bundesländern gewährt. So können z. B. die entsprechenden Landesinstitute Bürgschaften für einen Teil der Kreditsumme übernehmen. Diese Bürgschaften sollten insbesondere dann in Anspruch genommen werden, wenn – nach Auffassung des Kreditinstituts – die Finanzierung, etwa wegen zu geringen Eigenkapitals, zu riskant ist.

Renovierungskosten

Nach dem Fördergebietsgesetz, dessen einschlägiger § 7 bis Ende 1998 gilt, können Renovierungskosten bis zu DM 40 000,00 vom zu versteuernden Einkommen abgezogen werden. Dies jedoch nicht auf einmal, sondern pro Jahr 10 %.

Modelle

Um den Wohnungsbestand in den neuen Bundesländern zu privatisieren, werden Genossenschaftsmodelle angeboten. Die Grundförderung beträgt 3 %, höchstens jedoch DM 2 400,00 jährlich zuzüglich DM 500,00 pro Kind für acht Jahre. Voraussetzung ist, daß der Geschäftsanteil bei mindestens DM 10 000,00 liegt und den Genossen ein unkündbares Optionsrecht eingeräumt wird.

Eigengenutzte Immobilie

Bei der Finanzierung einer selbstgenutzten Wohnung kann der Käufer Schulden nicht steuerlich geltend machen. Je mehr Eigenkapital also eingesetzt wird, um so geringer sind die Verbindlichkeiten. Vor dem Erwerb einer Immobilie zur Eigennutzung ist deshalb genau durchzurechnen, welche monatliche Belastung der Haushalt aufbringen kann. Deshalb sollte eine genaue Aufstellung über die monatlichen Ausgaben angefertigt werden, wobei vom Haushalts-

geld neben Auto, Versicherung, Kleidung usw. auch die Nebenkosten einer Wohnung bzw. eines Eigenheimes für Strom, Wasser usw. abgezogen werden müssen. Rücklagen sollte man auch bilden für den Urlaub, die Freizeit und für unvorhergesehene Ausgaben, wie z. B. teure Autoreparaturen, die Ersatzbeschaffung von Haushaltsgeräten und anderes.
Während man bisher aufgrund steuerlicher Gegebenheiten genau überlegen mußte, für welche Finanzierung man sich entscheidet, so ist dies aufgrund des Eigenheimzulagengesetzes weitgehend bedeutungslos geworden. Die Zulagen werden unabhängig von der Finanzierung gewährt. Dementsprechend ist ein Annuitätendarlehen zu empfehlen.

Annuitätendarlehen

Annuitätendarlehen bedeutet, daß die monatlichen Raten aus Zins und Tilgung über den festgelegten Zeitraum unverändert bleiben. Mit der Zeit steigt allerdings der Anteil der Tilgung, während der Zinsanteil sinkt.
Bei einem Kredit über DM 200 000,00 zu 7 % Zinsen und 1 % Tilgung werden beispielsweise jeden Monat DM 1 333,40 fällig. Im ersten Jahr entfallen darauf DM 14 000,00 Zinsen und nur DM 2 000,00 Tilgung. Im zweiten Jahr verringert sich der Zinsanteil auf DM 13 860,00, während DM 2 140,00 zur Tilgung aufgewandt werden.

Weitere Finanzierungsmöglichkeiten

Lebensversicherung

Möglich ist eine Finanzierung nicht nur über ein Bankdarlehen, sondern auch über eine Lebensversicherung. Die Hypothekendarlehen der Lebensversicherungen liegen meist etwas günstiger als die der Bankinstitute, so daß eine Mischfinanzierung durchaus sinnvoll sein kann.
Bei einer Mischfinanzierung ist jedoch darauf zu achten, daß der Gesamtaufwand errechnet, also der tatsächlich zu bezahlende Betrag ermittelt wird.
Die Mischfinanzierung ist Selbstnutzern dann zu empfehlen, wenn eine Absicherung der Familie notwendig ist für den Fall, daß der Alleinverdiener verstirbt.
Wer jedoch lediglich dieses Risiko ausschließen will, sollte über den Abschluß einer Risikolebensversicherung nachdenken, die wesentlich geringere Prämien erfordert. In diesem Falle ist der jeweilige Restschuldbetrag des Darlehens versichert, d. h. die Versicherung zahlt im Todesfall die Restverbindlichkeit, die Hinterbliebenen stehen nicht vor einem Schuldenberg und können die Immobilie ohne monatliche Verpflichtungen nutzen.

Bausparen zur Finanzierung

Ein Teil der Finanzierung kann auch über einen Bausparvertrag geleistet werden. Bausparorganisationen funktionieren nach dem Prinzip, daß die Bausparer alle in einen gemeinsamen Topf einzahlen. Darlehen werden dann an diejenigen Bausparer vergeben, die das Sparziel erreicht haben. Die Guthaben werden im Vergleich zu langfristigen Kapitalanlagen schlechter verzinst, dafür sind auch die Darlehenszinsen geringer als bei üblichen Hypothekendarlehen. Der Bausparer geht bei den Zinsen kein Risiko ein, da ein fester Darlehenszins vereinbart wird. Variable Zinsen bei Bauspar-Darlehen sind ebenfalls möglich, denn der Sparer kann bei Vertragsabschluß den Guthabenzins zwischen beispielsweise 2,5 % und 4 % wählen. Je niedriger er den Sparzins wählt, um so niedriger ist später auch der Zins, der für das Darlehen bezahlt werden muß.
Bausparverträge sind insofern nicht fest kalkulierbar, als der Zeitpunkt, zu dem der Sparer über den entsprechenden Betrag verfügen kann, nicht vorherzusagen ist. Deswegen kann ein Bausparvertrag unter Umständen sinnvoll sein zur Bildung von Eigenkapital für den Erwerb einer Wohnung oder für die Finanzierung von Anbauten, Umbauten, Renovierungen usw.

Bausparen als Investition

Ob ein Bausparvertrag eine sinnvolle Investition ist, darf man indes bezweifeln. Die Habenzinsen sind äußerst niedrig, darüber hinaus fallen nicht unerhebliche Kosten und vergleichsweise hohe Abschlußgebühren an. Zwar sind die nach Inanspruchnahme des Darlehens zu zahlenden Zinsen relativ moderat. Man muß jedoch berücksichtigen, daß bis zur Auszahlung etwa sieben bis zehn Jahre vergehen, in denen der Anleger/Bausparer sein Geld dem Bausparunternehmen zur Verfügung stellt, das dieses inzwischen mit Sicherheit zu einer besseren Rendite anlegt als es in Form von Zinsen an den Anleger weitergibt.

Bausparprämie

Wer einen Bausparvertrag abschließt, kann auch – vorausgesetzt das Einkommen überschreitet nicht DM 50 000,00 bei Ledigen und DM 100 000,00 bei Verheirateten – eine Bausparprämie erhalten. Diese beläuft sich bei sieben Jahre lang geleisteten DM 1 000,00 bzw. DM 2 000,00 auf DM 700,00 bei Ledigen und 1 400,00 bei Verheirateten.

Immobilienerwerb als Anlageform

Steuern

Beim Erwerb einer Immobilie als Geldanlage und Altersversorgung sind bei der Finanzierung ganz andere Überlegungen anzustellen als bei dem Erwerb einer Wohnung/eines Hauses zur Eigennutzung. Dies liegt hauptsächlich daran, daß ganz andere Möglichkeiten bestehen, Kosten steuerlich geltend zu machen.

Ein Steuerpflichtiger muß nicht einen bestimmten Prozentsatz seines Einkommens an Steuern zahlen, sondern der Prozentsatz ist abhängig vom zu versteuernden Einkommen. Einkünfte bis zu einer gewissen Grenze sind steuerfrei, sodann beginnt die Besteuerung, die bis zu einem Satz von maximal 53 % geht, d. h., daß 53 % des zu versteuernden Einkommens als Einkommensteuer an das Finanzamt abzuführen sind.

Beispielsweise zahlen Ledige ab einem zu versteuernden Einkommen von ca. DM 65 000,00 40 % Steuern und ab ca. DM 95 000,00 50 % Steuern. Bei Verheirateten liegt das vergleichbare Einkommen bei DM 130 000,00 bzw. DM 190 000,00.

Wer also Steuern sparen will, wird zwangsläufig auch an den Erwerb einer Immobilie denken. Zunächst nämlich ist der Wertzuwachs steuerfrei, sofern die Spekulationsfrist von zwei Jahren verstrichen ist; danach kann der Wertzuwachs ohne steuerliche Belastung eingestrichen werden.

Verluste als Steuervorteil

Das entscheidende Argument ist jedoch, daß die Verluste steuerlich geltend gemacht werden können. Der Erwerber einer Immobilie bzw. der Eigentümer kann nämlich von den Mieteinnahmen seine Kosten abziehen. Übersteigen die Kosten die Einnahmen, wird die Differenz vom zu versteuernden Einkommen abgezogen. Bei der Überlegung, ob sich der Erwerb einer Immobilie als Kapitalanlage lohnt, sind natürlich diese steuerlichen Auswirkungen von entscheidender Bedeutung. Denn auch bei Immobilien ist die Frage nach der Rendite die entscheidende.

Rendite

Die Rendite bei einer Immobilie wird ermittelt durch Jahresnettokaltmiete mal 100 geteilt durch den Kaufpreis. Kostet also eine Wohnung DM 300 000,00 und die Mieteinnahmen betragen jährlich DM 12 000,00, so ergibt sich eine Bruttorendite von 4 %. In der Kaltmiete sind jedoch einige Positionen enthalten, die der Vermieter nicht umlegen kann, die also von der Kaltmiete abgezogen werden, ehe sich dann eine (neue) Nettorendite errechnen läßt.

Sind nun die Aufwendungen höher als die Einnahmen aus dem Mietobjekt, so kommen Beträge heraus, die von der Steuer abgesetzt werden können; es sind also weniger Steuern zu bezahlen bzw. es werden Steuern zurückerstattet. Diese Beträge sind dann ebenfalls in die Berechnung der Rendite einzubeziehen.

Kann beispielsweise ein Lediger mit einem zu versteuernden Einkommen von DM 100 000,00 im ersten Jahr DM 10 000,00 Steuern sparen, so entspricht dies (DM 10 000,00 x 100 : DM 300 000,00) einer Rendite von 3,33 %. Dieser Betrag ist der Nettorendite zuzurechnen.

Rendite erhalten

Eine Rendite von über 7 % ist sicherlich attraktiv. Man sollte jedoch dabei nicht vergessen, daß nach mehreren Jahren die steuerlichen Vorteile geringer werden. Damit sich die Immobilie „rechnet", ist also Voraussetzung, daß Mieterhöhungen geltend gemacht werden können, die Mietentwicklung also mit der Inflation Schritt hält. Außerdem wird der optimistische Erwerber auch davon ausgehen, daß eine nicht unerhebliche Wertsteigerung eintritt, die ihm dann beim Wiederverkauf zugute kommt.

Dies galt insbesondere für Immobilien in den neuen Bundesländern mit den günstigen Sonderabschreibungen – diese Abschreibungsmöglichkeiten wurden jedoch mit dem 31. Dezember 1995 geändert. Es stellt sich also nunmehr überall die gleiche Frage: Wie hoch sind die Mieteinnahmen, und wie hoch ist meine monatliche Belastung?

Mieteinnahme und monatliche Belastung

Hierbei ist zu berücksichtigen, daß bei dem Erwerb einer Immobilie zum Zwecke der Geldanlage grundsätzlich alle damit zusammenhängenden Kosten geltend gemacht werden können als Werbungskosten bei den Einkünften aus Vermietung und Verpachtung. Die dadurch entstehenden Verluste aus Vermietung und Verpachtung verringern dann das zu versteuernde Einkommen bei Einkünften aus beispielsweise nichtselbständiger oder selbständiger Tätigkeit.

Beachten Sie zur Anschauung das folgende Rechenbeispiel:

Kaufpreis	DM	288 300,00
Grunderwerbsteuer 3,5 %	DM	10 090,50
Bearbeitungsgebühr 3,45 %	DM	9 946,00
Notar- und Grundbuchkosten ca. 1,5 %	DM	4 325,00
Gesamtaufwand	DM	312 661,50

Die Finanzierung wird vorgenommen zu 100 % unter Abzug eines Disagios, also Auszahlung 95 % auf 5 Jahre mit 4,9 % Zinsen effektiver Jahreszins 6,24 %, Kreditbedarf also DM 329 120,00.
Absetzbare Werbungskosten: Disagio + Anteil Notarkosten DM 17 900,00 ergibt bei einer Steuerprogression von 53 % eine Steuerrückzahlung von DM 9 487,00.

Für das Folgejahr ergibt sich eine Einnahme aus		
Miete in Höhe von	DM	11 798,00
abzüglich Zinsen	DM	16 127,00
abzüglich nicht umlagefähiger Nebenkosten	DM	1 140,00
abzüglich AfA 2 % Ausbauwert ca. DM 230 000,00	DM	4 612,00
Verlust aus Vermietung	DM	10 081,00
bei 53 % Steuerprogression Rückzahlung	DM	5 343,00

Es ergibt sich folgende Abrechnung:		
Grundmiete	DM	11 798,00
Steuerrückerstattung	DM	5 343,00
Einnahmen also	DM	17 141,00
abzüglich Zinsen	DM	16 127,00
abzüglich nicht umlagefähiger Nebenkosten	DM	1 140,00
ergibt Ausgaben	DM	17267,00
Unterdeckung	DM	126,00

Damit die Immobilie nicht nur zum Geldwechseln dient, sondern tatsächlich im Alter auch dann die Miete abwirft, die dann als monatlich fest kalkulierbare Größe zur Verfügung steht, muß auf den Kaufpreis auch eine Zahlung zur Tilgung folgen. Bei einer einprozentigen Tilgung würde sich dann insgesamt eine monatliche Belastung von ca. DM 285,00 ergeben. Selbstverständlich sind in der Beispielrechnung die bereits oben erwähnten Unsicherheitsfaktoren nicht enthalten, nämlich Vermietbarkeit, erzielbare Miete, Zinshöhe nach Ablauf der Bindungszeit, Höhe der nicht umlagefähigen Nebenkosten und nicht zuletzt gleichbleibende Einkünfte mit entsprechend hoher Steuerprogression.

Unsicherheitsfaktoren beachten

Sollte sich eine der oben genannten Größen verändern, läßt sich diese Rechnung nicht mehr aufrechterhalten. Nachdem auch Banken bewußt ist, daß sie natürlich bei einem Finanzierungsbetrag von DM 324 570,00 für einen Immobilienverkaufspreis von DM 288 300,00 ein nicht unerhebliches Risiko eingehen, dürfte es ausgesprochen schwierig sein, ein Institut zu finden, das die oben beispielhaft errechnete Finanzierung übernimmt.

Es kann andererseits durchaus vorkommen, daß die Bank den Erwerb einer Immobilie finanziert und nicht nur den Kaufpreis bezahlt, sondern auch die Nebenkosten, so daß also der Käufer nach der Eintragung im Grundbuch nicht nur Eigentümer der Immobilie zum Kaufpreis geworden ist, sondern darüber hinaus bei der Bank Verbindlichkeiten hat, die den Kaufpreis der Immobilie und damit den Verkehrswert nicht unerheblich überschreiten. Eine derartige Finanzierung wird ein Kreditinstitut nur dann übernehmen, wenn es genügend andere Sicherheiten hat, über die die Bank gegebenenfalls verfügen kann. Die Tatsache, daß die Bank also die Finanzierung übernimmt, ist keine Garantie dafür, daß der Erwerb wirtschaftlich tatsächlich sinnvoll ist.

Hypothekenzinsen als Werbungskosten

Bei der Finanzierung sollte natürlich die Rendite höher sein als der Aufwand, den der Kredit erfordert. Hierbei ist entscheidend, daß die Hypothekenzinsen als Werbungskosten in Abzug gebracht werden können, damit sie vom zu versteuernden Einkommen abgezogen werden. Liegt der Effektivzins beispielsweise bei 8 % und der maßgebliche Steuersatz bei 50 %, so kostet der Kredit nach Steuern 4 %. Die Rendite ist in dem Fall dann höher als der Hypothekenzins nach Steuern und rechtfertigt deshalb die Investition.

Zinsen, Zinsbindung, Vorfälligkeitsentschädigung

Zinsniveau und monatliche Belastung

Bei der Finanzierung des Kaufpreises (abzüglich Eigenkapital) ist ein genauer Vergleich der Preise für das Darlehen notwendig. Im Herbst 1996 befanden sich die Zinsen auf einem Niveau, wie es lediglich 1987 erreicht wurde. Der durchschnittliche Zinssatz zwischen 1982 und 1996 betrug 8,4 %, im Herbst 1996 lag er bei 7,22 %. Diese Prozentunterschiede machen sich natürlich in Mark und Pfennig bemerkbar, also in geringerer Belastung, die es dem Investor ermöglicht, eine Immobilie zu erwerben. Ein Zinsunterschied von 1,5 % Punkten bedeutet immerhin eine Differenz von monatlich DM 450,00 bei einer Finanzierungssumme von DM 350 000,00.

Es wurde oben bereits darauf hingewiesen, daß die Wahl des richtigen Zinsbindungszeitraums wichtig ist. Insbesondere kann sich eine lange Bindung zu einem relativ hohen Zins beim Verkauf der Immobilie unangenehm bemerkbar machen wegen der hohen Vorfälligkeitsentschädigung. Beim Verkauf einer Immobilie wird üblicherweise das zur Kaufpreisfinanzierung beanspruchte Darlehen zurückbezahlt.

Denkbar ist auch, daß der Kreditnehmer eine Ablösung des Vertrages verlangt, um bessere Konditionen auf dem Markt wahrzunehmen, vom gesunkenen Zinsniveau zu profitieren und bei niedrigerem Zinssatz einen Vertrag mit langer Laufzeit abzuschließen. Die Kreditgeber berechnen daraufhin eine Vorfälligkeitsentschädigung, die sie zur Voraussetzung der Umschuldung machen. Als Begründung wird von den Kreditgebern angeführt, daß sich das Kreditinstitut ja langfristig auf dem Kapitalmarkt refinanziert hätte. Zwar könne das jetzt vorzeitig zurückerhaltene Kapital wieder angelegt werden, aber als neue Anlage nur geringere Erträge erzielen wegen des gesunkenen Zinsniveaus.

Vorfälligkeitsentschädigung: Warum?

Ob und in welcher Höhe derartige Vorfälligkeitsentschädigungen von den Banken beansprucht werden können, war lange Zeit umstritten. Die Verbraucherverbände hofften, die Rechtsprechung würde hier zugunsten der Darlehensnehmer eine günstige Entscheidung fällen. Dies war jedoch nicht der Fall: Der Bundesgerichtshof hat im wesentlichen die Vorfälligkeitsentschädigung und die von den Banken dafür zugrundegelegte Berechnung für zulässig erklärt. Auch hier ist also der Kreditnehmer gut beraten, die Vertragsbedingungen genau daraufhin zu überprüfen, welche Kosten im Falle einer vorzeitigen Beendigung des Vertragsverhältnisses auf ihn zukommen.

Ehe man mit einer Bank einen entsprechenden Kreditvertrag abschließt, sollte man sich also über die Vorfälligkeitsentschädigung genau informieren. Darüber hinaus sollte man klarstellen, daß gegebenenfalls eine Übertragung des Kredits auf den Käufer möglich ist. Es kann nämlich unter Umständen sinnvoller sein, mit dem Erwerber einer Immobilie über einen Preisnachlaß zu verhandeln, als die Vorfälligkeitsentschädigung zu bezahlen.

Sonderzahlungen zur Tilgung

Vereinbaren sollten Sie auch in jedem Fall, daß unter Umständen Sonderzahlungen zur Tilgung des Darlehens erbracht werden können. So können Sie beispielsweise die Eigenheimzulage dazu verwenden, außerplanmäßige Sonderzahlungen zur Tilgung des Kredites einzusetzen. Derartige Sonderzahlungen akzeptieren jedoch – derzeit – nicht alle Institute; auch hier ist also der Vergleich der jeweiligen Konditionen wichtig.

Immobilien im Ausland – Timesharing

Ferienwohnungen und -häuser

In einer immer mobiler werdenden Welt liegt natürlich auch der Gedanke nicht fern, in wärmeren und südlicheren Gefilden zu investieren und später dort den Lebensabend zu genießen. Die Erfüllung dieses Wunsches ist durchaus machbar und wird schon 100 000fach praktiziert; die Zahl der von deutschen Eigentümern zur Urlaubszeit angebotenen Ferienwohnungen beweist dies. Aber auch hier gilt, zunächst vor Ort die Lage genauestens zu prüfen, da sich nämlich die Beschreibungen in Prospekten und die Wirklichkeit manchmal erheblich unterscheiden. Darüber hinaus darf man nicht darauf verzichten, sich über die juristischen Voraussetzungen zu informieren, unter denen im Wunschland rechtlich verbindlich eine Immobilie erworben werden kann. Hier können sich erhebliche Unterschiede zu der bei uns üblichen Praxis herausstellen, die dann unter Umständen zu einem bösen Erwachen führen, wenn vielleicht ein Käufer feststellen muß, daß er nach den Landesvorschriften gar nicht zum Eigentümer geworden ist.

Auf keinen Fall sollten Sie sich schon am Urlaubsort dazu überreden lassen, einen Vertrag abzuschließen. Die Urlaubsstimmung beeinträchtigt oft die Fähigkeit zum vernünftigen Handeln.

Vorsicht bei Timesharing

Weil nicht jeder an einem schönen Urlaubsort eine Ferienwohnung hat und diese auch das ganze Jahr bewohnen kann, wurde die Idee des Timesharing geboren. Timesharing heißt, daß der Investor regelmäßig zu einem bestimmten Zeitraum über die Ferienwohnung oder das Ferienhaus verfügen kann und also nur bestimmte Nutzungszeiten kauft. Bisher ist jedoch festzustellen, daß in den meisten Fällen die Angebote einer genauen Überprüfung nicht standhalten und letztendlich nur das Geld der Anleger eingestrichen wird, ohne daß eine angemessene Gegenleistung geboten wird. Für das Geld, das die Vertragspartner nämlich im Timesharing einstreichen, können Sie viele Urlaube machen, und zwar dann, wenn es Ihnen paßt, und dort, wo es Ihnen gerade gefällt.

Ist erst einmal das Geld bezahlt, dann ist es in den meisten Fällen unwiderruflich verloren, da durch Firmenverschachtelungen und Briefkastenfirmen in exotischen Gegenden – wie Gibraltar oder der Isle of Man – dafür gesorgt ist, daß ein Rechtsstreit von vornherein aus ökonomischen Gründen nicht sinnvoll wird.

Wer trotzdem einem Timesharing nähertreten will, sollte auf keinen Fall spontan und vor Ort die entsprechenden Verträge unterschreiben, sondern sie genauestens überprüfen bzw. überprüfen lassen und sich ausführlich über die Seriosität des Anbieters informieren.

Währungsunion und Altersversorgung

Martin möchte für sein Alter vorsorgen, der Abschluß einer Lebensversicherung erscheint ihm jedoch im Hinblick auf die bevorstehende Währungsunion zu riskant. Freunde empfehlen ihm, das Geld lieber in Dollar anzulegen.

Die Währungsunion ist eine wichtige Voraussetzung für das wirtschaftliche Zusammenwachsen Europas. Heute trennen viele unterschiedliche Währungen noch die Wirtschaftsräume. Die neue Eurowährung wird zu einer der wichtigsten internationalen Währungen werden. Positive Auswirkungen auf das Wirtschaftswachstum, die Beschäftigungssituation und den Wohlstand sind zu erwarten. Die Wachstumsimpulse der Währungsunion werden sich nicht zuletzt auf die Werthaltigkeit der Kapitalanlagen positiv auswirken.
Es ist vorgesehen, daß die Währungsunion am 1. Januar 1999 beginnt. Der europäische Rat entscheidet auf der Basis der Daten von 1997, welche Mitgliedstaaten die Voraussetzungen für die Teilnahme an der Währungsunion erfüllen. Zum Beginn der Währungsunion wird vom europäischen Rat die Umrechnungsquote für die jeweiligen Währungen unwiderruflich festgesetzt. Diese richten sich nach den dann gültigen wirtschaftlichen Daten und Wechselkurssituationen. Bei der Einführung der gemeinsamen Währung werden alle Zahlengrößen nach einem festen Umrechnungskurs zwischen DM und Eurowährung umgesetzt. Falls die neue Geldeinheit (z. B. Euro) einem Wert von z. B. DM 2,00 entspricht, wird ein Gehalt von DM 6000,00 zu Euro 3000,00, ein Zinsertrag von DM 800,00 zu Euro 400,00. Entsprechendes gilt auch für die Ausgabe. Eine Miete von DM 900,00 wird also zu Euro 450,00. Es ändern sich also nur die Zahlen, der Wert an sich bleibt unverändert.

Umrechnungskurs liegt fest

Die Währungsunion ist also keine Währungsreform, sondern eine technische Umrechnung in eine neue Währung, die im wesentlichen von den Wechselkursen der beteiligten Währungen abhängt. Dementsprechend wird bei einer Lebensversicherungspolice der wirtschaftliche Wert im vollen Umfange erhalten bleiben, da sich das Preis-Leistungs-Verhältnis durch die Währungsumstellung nicht ändert. Auch die Versicherungsbeiträge, die garantierten Versicherungsleistungen und die Überschußbeteiligung werden auf die neue Währung umgestellt. Sorgen, daß wegen eines „schwachen" Euro der Wert der Ablaufleistung einer Lebensversicherung geschmälert würde, scheinen unbegründet. Da an der Währungsunion nur diejenigen Länder teilnehmen werden, die die festgelegten Stabilitäts-

Wert bleibt erhalten

kriterien erfüllen, ist nicht zu befürchten, daß durch Umstellung auf die Eurowährung der Wert der Leistungen z. B. aus einer Lebensversicherung geschmälert wird.

Denkbar ist, daß aufgrund der Währungsunion die Beteiligung an den Überschüssen der Lebensversicherung sogar noch steigen kann. Durch die Währungsunion stehen den Versicherern höhere Erträge durch bessere und erweiterte Möglichkeiten der Kapitalanlage zur Verfügung, und Kostenersparung z. B. durch entfallene Aufwendungen für die Absicherung von Währungsschwankungen sind zu erwarten. Aus diesen Gründen braucht niemand heute oder kurz vor Beginn der Währungsunion eine Lebensversicherungspolice zu kündigen. Und dies erst recht nicht, wenn die für die Steuerfreiheit der Lebensversicherung bedeutsame 12-Jahres-Frist noch nicht erreicht wurde.

Bessere Möglichkeiten der Kapitalanlage

Die Angst vor dem Euro scheint also unbegründet. Nachdem jedoch die Einführung des Euro in der Geschichte kein entsprechendes Vorbild hat, kann nicht ausgeschlossen werden, daß einige Befürchtungen der Pessimisten eintreffen. Demnach könnte sich ein schwacher Euro zusammen mit einer höheren Inflationsrate letztendlich negativ auswirken, d. h., daß das angesparte Vermögen möglicherweise nicht einmal mehr die Inflationsrate ausgleichen kann. Wer deshalb daran denkt, in ausländischen Währungen Geld anzulegen, muß folgende Risiken einkalkulieren:

US-Dollar

Bei einer Anlage in US-Dollar gilt es zu berücksichtigen, daß der Kurs des US-Dollar in den letzten Jahren starken und nicht vorhersehbaren Schwankungen ausgesetzt war bzw. ist. Bis Herbst 1996 war der Dollar stark abgewertet worden, nunmehr ist der Kurs des Dollars angestiegen und zeigt eine steigende Tendenz. Dabei sind sich Fachleute noch nicht einmal einig, aus welchen Gründen die höhere Wertung des Dollars erfolgt und ob diese durch den tatsächlichen „Wert" des Dollars gerechtfertigt ist. Der Kurs des US-Dollar wird offensichtlich nicht nur von rein marktwirtschaftlichen Kriterien beeinflußt, so daß auch für die Zukunft nicht mit einer sicher kalkulierbaren Zukunftsperspektive gerechnet werden kann. Ähnlich spekulativ und mit völlig ungewissem Ausgang wäre eine Vermögensanlage in Gold.

Schweizer Franken

Auch die „Flucht in den Schweizer Franken" ist höchst risikobehaftet. Zunächst liegen die Zinsen in der Schweiz derzeit (November 1996) mehr als 2 Prozentpunkte unter den deutschen Zinsen. Dann ist der Schweizer Kapitalmarkt gar nicht in der Lage, Fluchtgelder aus Europa aufzunehmen. Das Wechselkursrisiko ist nicht zu unterschätzen. Der Schweizer Franken hat nämlich bereits ein sehr hohes

Niveau erreicht, und auch in der Schweiz sieht die wirtschaftliche Situation nicht mehr so rosig aus wie früher.
Für die Inhaber von Wertpapieren/Aktien ist die Währungsunion von geringer Bedeutung. Bei festverzinslichen Papieren erfolgt lediglich die Umrechnung. Der Wert einer Aktie bzw. eines Unternehmens richtet sich nach dem wirtschaftlichen Erfolg und ist grundsätzlich unabhängig davon, ob die Erträge in DM-Fonds oder Euro gemacht werden. Gleiches gilt für Immobilien. Hier bestimmen Angebot und Nachfrage den Wert: der Name der Währung, zu der die Immobilie erworben oder verkauft wird, ist unerheblich. Es liegt auch kein Risiko darin, Gelder in DM-Anlagen zu investieren. Durch die Währungsumstellung verlieren die eingezahlten Gelder nicht ihren Wert. Bedeutsam könnte jedoch die Laufzeit sein. Wer mit einem Zinsanstieg rechnet, der sollte sich kurzfristig binden, um dann bei höheren Zinsen längerfristig anlegen zu können.

Kein Wertverlust durch Währungsumstellung

Beratung und Haftung

Wie oben erkennbar, ist der bzw. diejenige, der/die für sein/ihr Alter zusätzliche Vorsorge betreiben will, auf eine vernünftige Beratung, sei es durch Kreditinstitute, sei es durch Versicherungsmakler oder Mitarbeiter von Versicherungen angewiesen. Damit dann später im Versicherungsfall bzw. bei Rückzahlung des Geldes die Erwartungen auch erfüllt werden, hat die Rechtsprechung und der Gesetzgeber die Haftung der Banken, Versicherungen und Versicherungsmakler für ihre Geschäfte gesetzlich geregelt.
Der Bankkunde sollte deutlich sagen, welche Absicht er verfolgt, nämlich entweder eine langfristige, sichere Anlageform oder eine kurzfristige mit einer hohen, spekulativen Rendite. Je nach Wunsch muß nämlich der Anlagevermittler seinen Kunden richtig und vollständig über alle für die Anlage wichtigen Umstände informieren.
Der Anlagevermittler handelt schuldhaft und ist damit zum Schadenersatz verpflichtet, wenn er nicht offenlegt, daß seine positive Einschätzung ausschließlich auf nicht überprüften Informationen der Börsenzulassung oder des betreffenden Unternehmens beruht.

Anlagevermittler haftbar

Die Banken sind verpflichtet, eine anlagegerechte und objektgerechte Beratung vorzunehmen. Sie trifft eine Pflicht zur sorgfältigen Prüfung vor der Empfehlung einer Anlage.
Wenn die Bank lediglich zur Finanzierung eingeschaltet wird, d. h., wenn der Anleger weiß, was er will, und er der Bank nur den entsprechenden Auftrag erteilt, ist die Bank dann grundsätzlich zur

Unterlagen aufbewahren!

Prüfung nicht verpflichtet. Der Anleger sollte deshalb alles aufbewahren, was für seine Entscheidung ausschlaggebend war – also Prospekte, Broschüren und gegebenenfalls die Aktennotiz, die der Berater erstellt hat.

Fragen des Schadensersatzanspruchs

Erfolgte der Abschluß einer Versicherung nach einer entsprechenden Beratung durch einen Versicherungsagenten, so hat der Versicherte einen Schadensersatzanspruch, falls er vom Agenten fehlerhaft beraten und unvollständig aufgeklärt wurde. Er ist dann so zu stellen, wie er im Falle richtiger Beratung gestanden hätte. Es besteht daher unter Umständen ein Anspruch darauf, daß der Versicherungsschutz so gewährt wird, wie es vorher mit dem Versicherungsagenten vereinbart war. Allerdings wird es schwierig sein nachzuweisen, daß der Versicherungsagent fehlerhaft beraten hat. Hilfreich sind in solchen Fällen entsprechende Aktennotizen und Bestätigungen an die Versicherung, daß man die Versicherung mit einem bestimmten Leistungsumfang abzuschließen wünscht. Wenn dritte Personen bei den entsprechenden Gesprächen anwesend sind, können sie später als Zeugen herangezogen werden.

Versicherungsmakler trägt Beweislast

Anders ist die Haftung des Versicherungsmaklers geregelt. Dieser wird regelmäßig vom Versicherungsnehmer beauftragt und als Wahrer seiner Interessen und sogar als Abschlußvertreter angesehen. Er hat als Vertrauter und Berater des Versicherungsnehmers für den passenden Versicherungsschutz zu sorgen. Deshalb trifft den Versicherungsmakler die Beweislast dafür, daß ein eventueller Schaden auch bei vertragsgerechter Erfüllung seiner Aufklärungs- und Beratungspflichten eingetreten wäre.

Für PC-Nutzer ist ein Programm zum Vergleich verschiedener Lebensversicherungs- und Berufsunfähigkeitsversicherungs-Angebote auf dem Markt, das bei der Trixi-Informations-Systeme GmbH, Am Bahnhof 9, 82216 Germerswang bezogen werden kann.

Teil III
Anlagestrategien

Allgemeine Grundsätze

Natürlich ist die Kombination und die Wahl der Komponenten, aus denen sich Ihre eigenverantwortliche Altersversorgung zusammensetzt, Ihrer eigenen Entscheidung unterworfen. Nur Sie allein bestimmen letztendlich, welche Geldanlageform Ihre private Vorsorge ausmacht. Einige grundsätzliche Überlegungen sollten Sie aber vor der Entscheidung, welche Anlage Sie für sich wählen, anstellen.

1. Je weniger Geld Sie für Ihre private Altersversorgung zur Verfügung haben, desto sicherer muß die Anlage sein. ***Sicherheit***
2. Je höher die zu erwartende Rendite, um so höher auch das Risiko, Geld zu verlieren. ***Risiko***
3. Setzen Sie nicht nur auf ein Pferd; streuen Sie das Risiko eines Verlustes und auch die Chance auf gute Gewinne. ***Streuung***
4. Informieren Sie sich bei mehreren Anbietern, vergleichen Sie die Preise, lesen Sie alle Unterlagen sorgfältig durch. ***Vergleich***
5. Heben Sie alle Vertragsprospekte, Werbebroschüren u. a. sorgfältig auf, möglichst in einem Schließfach. Wenn sich die Anlage anders entwickelt, als die Institute es dargestellt haben, greift möglicherweise die Prospekthaftung, d. h., die Gesellschaften müssen unter Umständen für den Ihnen entstandenen Schaden aufkommen. ***Unterlagen aufheben***
6. Verlassen Sie sich nicht darauf, daß heutige Steuergesetze und Steuerprivilegien langfristig Bestand haben werden. Die „Privatisierung sozialer Risiken“ wird wahrscheinlich dazu führen, daß echte Altersvorsorge steuerlich begünstigt bleibt, eine kurzfristige und/oder spekulative Vermögensbildung jedoch der Besteuerung unterliegen wird. ***Steuerliche Vorteile unsicher***

Steuerreform

Die „große Steuerreform“ soll und wird kommen, verschiedene Modelle werden zur Zeit diskutiert.
Eine derartige Steuerreform könnte beispielsweise zur Folge haben, daß Lebensversicherungen nur noch dann steuerfrei zur Aus-

zahlung kommen, wenn das Schlußalter zum Beispiel nach dem 55. oder 60. Lebensjahr liegt. Schon jetzt haben veränderte Steuergesetze dazu geführt, daß die Steuerfreiheit der Auszahlung auf immer weniger Versicherungsmodelle zutrifft.

Eigenheim

Daß echte Altersvorsorge begünstigt werden soll, zeigt das Eigenheimzulagegesetz. Durch dieses Gesetz und die damit verbundene Subvention für den Erwerb von Eigenheimen wurde und wird breiten Bevölkerungskreisen die Möglichkeit eröffnet, ein Eigenheim zu erstehen.

Europäische Konkurrenz

Im Rahmen der Deregulierung des Marktes und der europäischen Konkurrenz befinden sich die deutschen Versicherungen nicht mehr auf einer Insel der Glückseligkeit, auf der keinerlei Konkurrenz zu größeren Anstrengungen, zu höheren Renditen ansporne. Aufgrund gesetzlicher Vorschriften mußten und müssen deutsche Lebensversicherungsgesellschaften einen Großteil ihres Kapitals in Immobilienbesitz anlegen. Die Rendite, die hier erwirtschaftet wird, liegt wegen niedriger Mietzinsen bei etlichen Gesellschaften nur bei 2 % bis 4 %. Dies muß und wird sich in Zukunft ändern. Mittelfristig ist es sicherlich als realistisch anzunehmen, daß die Rendite deutscher Versicherer sich den Renditen der europäischen Konkurrenz angleicht.

Jedoch sollte man nicht den Fehler begehen, Einzahlungen bei Versicherern und deren Auszahlung mit anderen Anlageformen zu vergleichen. Nach wie vor spielt die Risikoabsicherung und die Sicherheit der Anlage eine maßgebliche Rolle. Die Lebensversicherung sollte immer an erster Stelle der privaten Vorsorge einer Familie stehen. Gerade wenn nur geringe Einkommensteile für die Vorsorge zur Verfügung stehen, kommt Sicherheit vor Rendite.

Lebensversicherung an erster Stelle

Ein nicht unerheblicher Teil des monatlichen Verdienstes muß für Mieten und Nebenkosten ausgegeben werden. Ein verständliches und begründetes Anliegen großer Teile der Bevölkerung ist deshalb der Wunsch nach den eigenen vier Wänden. Wenn im Alter die monatliche Rente nicht mit Mietzahlungen belastet wird, sondern nur noch die Verbrauchskosten zu Buche schlagen, so ist dies schon die „halbe Miete“, um den Lebensabend sorgenfrei genießen zu können. Voraussetzung für das mietfreie Wohnen ist selbstverständlich, daß Sie beim Ausscheiden aus dem Erwerbsleben die Schulden bei der Bank zurückbezahlt haben, also tatsächlich keine Belastung mehr für das Eigenheim tragen müssen.

Wohnen im Eigenheim

Sollten – nach Zahlung der Beiträge für die Lebensversicherung und der Darlehensraten für das Eigenheim – noch weitere Einkommensteile zur Altersvorsorge zur Verfügung stehen, dann kann man den

Immobilienfonds

Erwerb von Anteilen an Immobilienfonds in die engere Wahl ziehen. Aus heutiger Sicht bieten Immobilienfonds eine ausreichende Sicherheit, verbunden mit einer attraktiven Rendite.

Anlageerträge

Ausgesprochen problematisch ist der Vergleich zwischen Anlageerträgen. Hierbei kommt es nämlich entscheidend darauf an, welcher Zeitraum zugrundegelegt wurde. So wurde für den Zeitraum 1985 bis 1995 errechnet, daß – bei Wiederanlage von Erträgen und Zinsen – mit festverzinslichen Wertpapieren ein Vermögen verdoppelt werden konnte. Dabei wirkte sich das relativ hohe Zinsniveau der 80er Jahre aus. Der Erwerb von Bundesanleihen war also eine durchaus interessante Anlage. Hätte man jedoch den Zeitraum 1979 bis 1995 gewählt, so ginge die Rechnung wesentlich ungünstiger aus, denn 1979 waren die Zinsen relativ niedrig und dementsprechend die festverzinslichen Wertpapiere nur mit einem mageren Zins ausgestattet. Lassen Sie sich deshalb von keiner Statistik beeindrucken, bevor Sie nicht auch entsprechende Statistiken für andere Zeiträume gesehen haben.

Weil niemand in die Zukunft sehen kann, kann Ihnen niemand garantieren, daß Sie Ihr angelegtes Geld bei Fälligkeit mit einer vorherbestimmbaren Verzinsung zurückerhalten. Jede Geldanlage bleibt also im Grunde spekulativ. Sie müssen also für sich entscheiden, welches Risiko Sie einzugehen bereit sind.

Durch welche der folgenden Möglichkeiten haben Sie für Ihr Alter vorgesorgt?

Hierbei sind zunächst Ihre Ansprüche aus der üblichen Versorgung zu klären und folgende Fragen zu beantworten:

Gesetzliche Rente

- Wo bin ich versichert?
- Adresse meines Versicherungsträgers?
- Versicherungsverlauf vorhanden? Wenn nicht, anfordern durch formloses Anschreiben, Versicherungsnummer nicht vergessen!
- Wie hoch ist meine Anwartschaft aus der gesetzlichen Altersversorgung?
- Wie hoch wird sie sein bei gleichbleibendem Gehalt/Lohn und einem Endalter von 65 Jahren?

Betriebsrente

- Welche Leistungen kann ich aus betrieblicher Altersversorgung oder Zusatzversorgung im öffentlichen Dienst erwarten?
- Welche Zahlungen/Leistungen kann ich zu welchem Zeitpunkt aus einer Lebensversicherung/Rentenversicherung erwarten?
- Werden fest verzinsliche Wertpapiere/Sparbriefe/Sparkonten bei Ausscheiden aus dem Erwerbsleben fällig?
- Sind Erträge aus einer Immobilie zu erwarten?

Gesetzliche Altersversorgung	ja/nein
Betriebliche Altersversorgung/Betriebsrente/VBL	ja/nein
Private Altersversorgung/Lebensversicherung/ Rentenversicherung	ja/nein
Immobilien (eigengenutzt)	ja/nein
Immobilien (fremdgenutzt)	ja/nein
Geldvermögen/Sparkonto/Festgeldanlage	ja/nein

Wenn Sie die meisten Fragen mit Ja beantworten können, ist ein Risiko verantwortbar. Hier wäre dann durchaus eine Anlage in einem Spezialfonds denkbar: Fonds, die in osteuropäischen Aktienmärkten investiert, oder andere, die Werte südostasiatischer Firmen gekauft haben. Beide Fonds haben den Anlegern in der letzten Zeit sehr viel Geld eingebracht; wie die Entwicklung in Zukunft sein wird, kann jedoch niemand vorhersagen.

Beispiele für Altersvorsorge

Derzeitiges Nettoeinkommen sichern

Die eigene Altersversorgung kann unter zwei Gesichtspunkten geplant werden. Einmal kann Ziel der privaten Altersvorsorge sein, das derzeitige Nettoeinkommen zu sichern. Dann ist es nur notwendig, die Lücke zwischen dem Nettoeinkommen und der gesetzlichen und betrieblichen Altersvorsorge zu füllen; das restliche Einkommen kann verlebt werden.

Vermögensbildung

Die zweite Möglichkeit besteht in einer weitergehenden Vermögensbildung. Hierbei wird nicht nur für das Alter in der Form vorgesorgt, daß das vergleichbare Nettoeinkommen garantiert wird. Es wird also nicht nur die „notwendige" Altersversorgung finanziert, sondern darüber hinaus noch Vermögen gebildet.

Gerade bei Personen, die einkommensteuerpflichtig sind, stellt sich häufig die Frage, wie man legal Steuern sparen kann. Der Steuerberater empfiehlt, sich eine Eigentumswohnung zu kaufen, bei der, wenn man sie vermietet, steuerlich abzugsfähige Kosten anfallen. Desgleichen passiert bei speziellen Fonds und Kapitalanlagen.

Diese Vermögensteile können dann zum Beispiel dazu eingesetzt werden, die Ausbildung und/oder die Existenzgründung der Kinder zu finanzieren und zu unterstützen, sich lang gehegte Wünsche zu erfüllen und/oder teure Hobbys wie Golfreisen, Wohnmobil oder die Hochseesegelyacht zu finanzieren.

Um Ihnen einen Überblick Ihrer derzeitigen Vermögenssituation zu ermöglichen, eine Liste zur Erstellung eines Vermögensstatus:

Vermögensstatus

Vermögenswerte	**DM**
Gehaltskonto/Kontokorrentkonto	
Sparbuch	
Festgeldkonto	
Rentenfonds	
Aktienfonds	
Immobilienfonds	
sonstige Investmentfonds	
Guthaben in Bausparverträgen	
Guthaben in Lebensversicherungsverträgen (Rückkaufswerte)	
Kunstschätze (Bilder, Teppiche, Antiquitäten, Schmuck usw.)	
Sammlungen (Münzen, Briefmarken usw.)	
Forderungen (verliehenes Geld, Verwandtendarlehen usw.)	
Immobilienbesitz zum Verkehrswert	
Verkaufswert des Autos	
Geschäftsbeteiligungen	
Summe der Vermögenswerte/Bruttovermögen	
Schulden	
Hypothekenschulden	
Bausparschulden	
Restschuld Autokredit	
Restschuld Ratenkredit	
Verwandtendarlehen	
in Anspruch genommener Kontokorrentkredit	
andere Verbindlichkeiten	
Summe der Schulden	
Bruttovermögen abzüglich Schulden = Nettovermögen	

Wie Altersvorsorge im konkreten Fall betrieben werden kann, soll anhand der folgenden Beispiele dargestellt werden:

Beispiel 1

Ein Ehepaar mit zwei Kindern lebt in einer eigenen Eigentumswohnung. Der Ehemann, 36 Jahre alt, ist Alleinverdiener, die Ehefrau ist 34.

Das Haushaltsbudget dieses Ehepaares ist auf S. 156 aufgelistet.

Einkünfte	**monatlich**
Nettogehalt	6 200,00 DM
Kindergeld	400,00 DM
Kapitalerträge, Mieterträge, sonstige Einkünfte	
Summe der Einkünfte	**6 600,00 DM**
Ausgaben	
Zins und Tilgung für die eigene Immobilie/ Restdarlehen ca. 190 000,00 DM	1 750,00 DM
Ratenkredit	120,00 DM
Wasser	70,00 DM
Heizung	180,00 DM
Strom	195,00 DM
Müll	25,00 DM
Grundsteuer	30,00 DM
Radio/TV/Kabel	50,00 DM
Telefon	115,00 DM
Kfz-Finanzierung	450,00 DM
Kfz-Steuer	20,00 DM
Kfz-Haftpflichtversicherung	80,00 DM
Kfz-Kaskoversicherung	110,00 DM
Benzin	310,00 DM
Reparaturen/Wartung	60,00 DM
Busse/Bahnen	75,00 DM
Hausratversicherung	18,00 DM
Privathaftpflichtversicherung	13,30 DM
Rechtsschutzversicherung	40,00 DM
Unfallversicherung	120,00 DM
Krankenversicherung/private Zusatzversicherung	160,00 DM
Lebensversicherung	340,00 DM
sonstige Versicherungen	
Vereinsbeiträge	15,00 DM
Spenden/Abos	26,40 DM
sonstige Ausgaben	
Vergnügungen	150,00 DM
Summe der Ausgaben	**4 522,70 DM**
Verbleibende Mittel	**2 077,30 DM**
Rücklage Kfz	
Rücklage Urlaub	300,00 DM
Rücklage Kleidung	200,00 DM
sonstige Rücklage für Außergewöhnliches	
Summe der Rücklagen	**500,00 DM**
Frei verfügbares Geld für Lebenshaltung etc.	**1 577,30 DM**

Durch gesetzliche und private Versicherungen ist für Versorgungsfälle mit folgenden Leistungen zu rechnen:

Versorgungsanalyse zu Beispiel 1

	Berufsunfähigkeit	Erwerbsunfähigkeit	Altersrente	Hinterbliebenenrente	Kapital bei Tod	Kapitalzahlung im Alter von 65 J.
Was steht mir gesetzlich zu?	1 950 DM	2 925 DM	3 200 DM	2 000 DM		
Was steht mir arbeitsrechtlich zu?			200 DM			
Habe ich schon privat vorgesorgt?	1 500 DM	1 500 DM			190 000 DM	350 000 DM
Summe der Leistungen:	**3 450 DM**	**4 425 DM**	**3 400 DM**	**2 000 DM**		
Kapitalzahlung bei Tod/im Alter:					**190 000 DM**	**350 000 DM** ***
Wieviel Geld benötige ich?	4 000 DM	6 200 DM	5 000 DM	4 000 DM	190 000 DM *	
Versorgungslücke	**550 DM** °	**1 775 DM** °	**1 600 DM** ***	**2 000 DM** **		

* Absicherung des restlichen Hypothekendarlehens bei Tod.

** Hier bietet sich eine Risikolebensversicherung an.

*** Die Auszahlung der Lebensversicherung würde für eine lebenslange Monatsrente ab dem 65. Lebensjahr in Höhe von ca. 3 000 DM reichen.

° Diese Beträge lassen sich mit einer Risiko-Berufsunfähigkeits-Versicherung absichern oder aber in die bestehende Zusatzversicherung der Lebensversicherung integrieren.

Bei der Überprüfung des Haushaltsbudgets zeigt sich, daß bei den Sachversicherungen relativ teure Gesellschaften gewählt wurden. Hier sind Einsparungen möglich, so daß die Versorgungslücke bei Berufsunfähigkeit und Erwerbsunfähigkeit geschlossen werden kann durch Einschluß in die schon bestehende Lebensversicherung mit Berufsunfähigkeits-Zusatzversicherung oder durch den Einschluß in eine noch abzuschließende Risikolebensversicherung.
Das Haushaltsbudget läßt erkennen, daß ohne große Zugeständnisse monatlich DM 200,00 angelegt werden können.
Bei der Anlage beispielsweise in einem Immobilienfonds mit einer angenommenen Verzinsung von 4 % kann nach 25 Jahren ein Endkapital von DM 102 115,76 erzielt werden. Zur Verdeutlichung die Wertentwicklung für monatlich DM 200,00 in einer Laufzeitaufstellung:

Zahlweise:	Wertentwicklung:	Anlagebetrag:	Dynamik:
monatlich	4 %	200,00 DM	0,00 %

Jahr	Anfangsbetrag	Endbetrag	Ertrag
1	0,00	2 452,00	52,00
2	2 452,00	5 002,08	150,08
3	5 002,08	7 654,16	252,08
4	7 654,16	10 412,32	358,16
5	10 412,32	13 280,82	468,49
6	13 280,82	16 264,05	583,23
7	16 264,05	19 366,61	702,56
8	19 366,61	22 593,28	826,66
9	22 593,28	25 949,01	955,73
10	25 949,01	29 438,97	1 089,96
11	29 438,97	33 068,53	1 229,55
12	33 068,53	36 843,27	1 374,74
13	36 843,27	40 769,00	1 525,73
14	40 769,00	44 851,76	1 682,76
15	44 851,76	49 097,83	1 846,07
16	49 097,83	53 513,75	2 015,91
17	53 513,75	58 106,30	2 192,55
18	58 106,30	62 882,55	2 376,25
19	62 882,55	67 849,85	2 567,30
20	67 849,85	73 015,84	2 765,99
21	73 015,84	78 388,48	2 972,63
22	78 388,48	83 976,02	3 187,53
23	83 976,02	89 787,06	3 411,04
24	89 787,06	95 830,54	3 643,48
25	95 830,54	102 115,76	3 885,22

Beispiel 2

Ein Ehepaar, er 28 Jahre, sie 25 Jahre, zwei kleine Kinder.

Das Haushaltsbudget dieser Familie sieht so aus (s. rechts).

Auch bei dieser Familie erscheint eine Überprüfung der jeweiligen Versicherungen sinnvoll. Bei richtiger Auswahl der Gesellschaften läßt sich die eine oder andere Mark sparen. Überprüft werden sollte auch, ob die Kfz-Kaskoversicherung nicht gekündigt werden kann, und ob die Zusatzversicherung zur Krankenversicherung notwendig ist.

Einkünfte	**monatlich**
Nettogehalt	4 200,00 DM
Kindergeld	400,00 DM
Kapitalerträge, Mieterträge, sonstige Einkünfte	
Summe der Einkünfte	**4 600,00 DM**
Ausgaben	
Kaltmiete der Wohnung	1 050,00 DM
Ratenkredit	80,00 DM
Wasser	50,00 DM
Heizung	140,00 DM
Strom	130,00 DM
Müll	25,00 DM
Grundsteuer	
Radio/TV/Kabel	50,00 DM
Telefon	95,00 DM
Kfz-Finanzierung	300,00 DM
Kfz-Steuer	20,00 DM
Kfz-Haftpflichtversicherung	80,00 DM
Kfz-Kaskoversicherung	95,00 DM
Benzin	290,00 DM
Reparaturen/Wartung	60,00 DM
Busse/Bahnen	75,00 DM
Hausratversicherung	18,00 DM
Privathaftpflichtversicherung	13,30 DM
Rechtschutzversicherung	40,00 DM
Unfallversicherung	120,00 DM
Krankenversicherung/private Zusatzversicherung	80,00 DM
Lebensversicherung	
sonstige Versicherungen	
Vereinsbeiträge	15,00 DM
Spenden/Abos	16,00 DM
sonstige Ausgaben	
Vergnügungen	100,00 DM
Summe der Ausgaben	**2 942,30 DM**
Verbleibende Mittel	**1 657,70 DM**
Rücklage Kfz	
Rücklage Urlaub	250,00 DM
Rücklage Kleidung	150,00 DM
sonstige Rücklage für Außergewöhnliches	
Summe der Rücklagen	**400,00**
Frei verfügbares Geld für Lebenshaltung etc.	**1 257,70 DM**

Notwendig ist die Absicherung der Familie bei Berufsunfähigkeit und Tod des Ernährers durch eine entsprechende Lebensversicherung. Außerdem könnten DM 80 000,00 Eigenkapital für die eigene Wohnung oder ein Eigenheim angespart werden. Soll diese Summe in 10 Jahren angespart sein, so muß die Familie monatlich DM 465,00 bei 7 % Zinsen sparen.

Versorgungsanalyse zu Beispiel 2

	Berufsunfähigkeit	**Erwerbsunfähigkeit**	**Altersrente**	**Hinterbliebenenrente**	**Kapital bei Tod**	**Kapitalzahlung im Alter von 65 J.**
Was steht mir gesetzlich zu?	1 600 DM	2 400 DM	3 200 DM	1 440 DM		
Was steht mir arbeitsrechtlich zu?			150 DM			
Privatvorsorge?						
Summe der Leistungen:	**1 600 DM**	**2 400 DM**	**3 350 DM**	**1 440 DM**		
Kapitalzahlung bei Tod/Alter:						
Wieviel Geld benötige ich?	3 000 DM	4 200 DM	4 200 DM	3 500 DM		
Versorgungslücke	**1 400 DM**	**1 800 DM**	**850 DM**	**2 060 DM**		

Die Absicherung der Berufsunfähigkeit könnte mit einer entsprechenden gemischten Versicherung getroffen werden. Der Monatsbeitrag beläuft sich auf DM 252,70, die entsprechenden Leistungen sehen wie folgt aus:

Versicherungsbeginn	1.6.97	Eintrittsalter	28
Geburtsdatum	20.6.69	Schlußalter	65
		mit Abrufmöglichkeit ab	60

Vorschlag: Gemischte Versicherung/Renditeplan

Versorgung bei Berufsunfähigkeit (BU)

Nach 0 Monaten Karenzzeit

Versicherungsdauer	bis Alter	Leistungsdauer	bis Alter	Jahresrente
32	60	37	65	DM 21 600
32	60	37	65	Beitragsbefreiung

Die Beitragsbefreiung mit 5 % garantierter Steigerung stellt sicher, daß auch im Berufsunfähigkeitsfall Dynamik ohne weitere Beitragszahlung durchgeführt werden kann. (Ist nur wirksam, wenn Dynamik beantragt wird.)

Die monatliche Berufsunfähigkeitsrente beträgt zu Versicherungsbeginn	DM 1 800
Laufende Renten erhöhen sich ab dem 2. Rentenjahr jährlich um 3,6 % der Vorjahresleistung* (Berufsunfähigkeitsrente und Leistung aus Beitragsbefreiung). Kein risikorelevanter Beruf angegeben. Gesamte Schlußzahlung aus BUZ*	DM 1 065

Versorgung der Hinterbliebenen

bei Tod	DM 58 000 + Überschuß*
Zusatzleistungen bei Tod bis Alter 48 aus der Todesfall-Zusatzversicherung	DM 142 000

Versorgung zum 60. Lebensjahr

Erlebensfallkapital	DM 58 000
Überschuß*	DM 73 860
Gesamtleistung*	DM 131 860

Werden wegfallende Beitragsteile zur Erhöhung der Altersversorgung verwandt, ergibt sich bei Ablauf eine Versicherungssumme von DM 63 635, eine Gesamtleistung* von DM 139 514.

Versorgung zwischen dem 61. und 65. Lebensjahr
Die Hauptversicherung steigt nach dem 60. Lebensjahr bis zum Schlußalter 65 ständig an und kann jährlich abgerufen werden. In diesen fünf Jahren ergeben sich folgende Versicherungs- und Gesamtleistungen inkl. Überschüsse* (nicht garantiert). Hierbei ist berücksichtigt, daß wegfallende Beitragsteile zur Erhöhung der Altersversorgung verwandt werden. Falls diese Beiträge nicht zusätzlich investiert werden, ergeben sich durch den geringeren Beitragsaufwand entsprechend niedrigere Versicherungsleistungen, die wir Ihnen in der Police mitteilen.

	Versicherungssumme	Gesamtleistung*
1. Jahr	DM 68926	DM 152731
2. Jahr	DM 74403	DM 166906
3. Jahr	DM 80073	DM 182108
4. Jahr	DM 85942	DM 198413
5. Jahr	DM 92018	DM 215901

Die jeweilige Versicherungssumme wird bei Tod oder bei Abruf im entsprechenden Versicherungsjahr fällig.

Aufwand

Jährlicher Gesamtbeitrag		DM 2889,80
	ermäßigt*	DM 2492,60
1⁄12 Beitrag		DM 252,70
	ermäßigt*	DM 217,90

Der Jahresbeitrag setzt sich zusammen:

		Betrag	ermäßigt*
Hauptversicherung		DM 1266,00	1266,00
Beitragsbefreiung	bis 60	DM 101,00	80,80
BU-Rente	bis 60	DM 1040,00	832,00
Todesfallzusatzvers.	bis 48	DM 482,80	313,80
In der Renditephase	ab 60	1⁄12-Beitrag 252,70	

Der Beitrag ist unter den Voraussetzungen des § 10b EStG im Rahmen der Höchstgrenzen steuerbegünstigt.

Dynamik

Vereinbaren Sie die Erhöhung von Beitrag und versicherter Leistung, dann paßt sich Ihre Vorsorge der durchschnittlichen Einkommensentwicklung an. Dies erfordert keine erneute Gesundheitsprüfung. Der Wert Ihrer Vorsorge erhöht sich, und sie bleibt kaufkraftstabil.

Beispiel 3

Selbständiger Alleinverdienender; er wohnt bereits mit seiner Frau in einer ererbten und damit schuldenfreien Wohnung.

Sein Haushaltsbudget (s. rechts).

Einkünfte	**monatlich**
Nettogehalt	8 250,00 DM
Kindergeld	
Kapitalerträge, Mieterträge, sonstige Einkünfte	
Summe der Einkünfte	**8 250,00 DM**
Ausgaben	
Zins und Tilgung für die eigene Immobilie	0,00 DM
Ratenkredit	0,00 DM
Wasser	85,00 DM
Heizung	240,00 DM
Strom	195,00 DM
Müll	25,00 DM
Grundsteuer	45,00 DM
Radio/TV/Kabel	50,00 DM
Telefon	185,00 DM
Kfz-Finanzierung	750,00 DM
Kfz-Steuer	45,00 DM
Kfz-Haftpflichtversicherung	124,00 DM
Kfz-Kaskoversicherung	310,00 DM
Benzin	490,00 DM
Reparaturen/Wartung	110,00 DM
Busse/Bahnen	0,00 DM
Hausratversicherung	45,00 DM
Privathaftpflichtversicherung	13,30 DM
Rechtsschutzversicherung	40,00 DM
Unfallversicherung	84,00 DM
Krankenversicherung/private Zusatzversicherung	160,00 DM
Lebensversicherung	450,00 DM
sonstige Versicherungen	0,00 DM
Vereinsbeiträge	0,00 DM
Spenden/Abos	26,40 DM
sonstige Ausgaben	230,00 DM
Vergnügungen	300,00 DM
Summe der Ausgaben	**4 002,70 DM**
Verbleibende Mittel	**4 247,30 DM**
Rücklage Kfz	
Rücklage Urlaub	300,00 DM
Rücklage Kleidung	200,00 DM
sonstige Rücklage für Außergewöhnliches	
Summe der Rücklagen	**500,00**
Haushaltsgeld	1 800,00 DM
Frei verfügbares Geld für Lebenshaltung etc.	**1 947,30 DM**

Hier steht ausreichend Geld zur Verfügung, um eine fremdgenutzte Eigentumswohnung als Kapitalanlage zur Steuerersparnis zu erwerben. Es steht auch noch genügend Geld zur Verfügung, um gegebenenfalls in hochrentierliche Spezialitätenfonds zu investieren oder in Aktien. Die Versorgungsanalyse ergibt jedenfalls keine Lücken, die durch weitere Versicherungen abzudecken wären.

Versorgungsanalyse zu Beispiel 3

	Berufsunfähigkeit	**Erwerbsunfähigkeit**	**Altersrente**	**Hinterbliebenenrente**	**Kapital bei Tod**	**Kapitalzahlung im Alter von 65 J.**
Was steht mir gesetzlich zu?	1 600 DM	2 400 DM	3 200 DM	1 440 DM		
Was steht mir arbeitsrechtlich zu?			400 DM			
Habe ich schon privat vorgesorgt?	3 500 DM	3 500 DM			300 000 DM	360 000 DM
Summe der Leistungen:	**5 100 DM**	**5 900 DM**	**3 600 DM**	**1 440 DM**		
Kapitalzahlung bei Tod/Alter:					**300 000 DM**	**360 000 DM**
Wieviel Geld benötige ich?	4 000 DM	6 000 DM	5 500 DM	4 000 DM		
Versorgungslücke	—	100 DM °	1 900 DM °	2 560 DM °		

° Diese Versorgungslücken sind vernachlässigbar oder durch die bestehende Lebensversicherung ausreichend gedeckt.

Beispiel 4

Der gutverdienende Junggeselle wohnt im elterlichen Haus. Er verfügt über ein vergleichsweise hohes Einkommen.

Sein Haushaltsbudget sieht so aus:

Einkünfte	**monatlich**
Nettogehalt	7 300 DM
Summe der Einkünfte	**7 300,00 DM**
Ausgaben	
Wohnt bei den Eltern und zahlt Haushaltszuschuß	1 500,00 DM
Radio/TV/Kabel	50,00 DM
Telefon	185,00 DM
Kfz-Leasingraten	920,00 DM
Kfz-Steuer	45,00 DM

Kfz-Haftpflichtversicherung	124,00 DM
Kfz-Kaskoversicherung	310,00 DM
Benzin	520,00 DM
Reparaturen/Wartung	95,00 DM
Busse/Bahnen	0,00 DM
Hausratversicherung	
Privathaftpflichtversicherung	7,00 DM
Rechtschutzversicherung	32,00 DM
Unfallversicherung	8,00 DM
Vergnügungen	520,00 DM
Summe der Ausgaben	**4316,00 DM**
Verbleibende Mittel	**2984,00 DM**
Rücklage Urlaub	400,00 DM
Rücklage Kleidung	200,00 DM
Summe der Rücklagen	**600,00 DM**
Haushaltsgeld	500;00 DM
Frei verfügbares Geld	**1884,00 DM**

Die Versorgungsanalyse zeigt eine Lücke bei Berufsunfähigkeit, wie die nachstehende Übersicht verdeutlicht:

Versorgungsanalyse zu Beispiel 4

	Berufsunfähigkeit	**Erwerbsunfähigkeit**	**Altersrente**	**Hinterbliebenenrente**	**Kapital bei Tod**	**Kapitalzahlung im Alter von 65J.**
Was steht mir gesetzlich zu?	2065 DM	3098 DM	3827 DM			
Was steht mir arbeitsrechtlich zu?						
Habe ich schon privat vorgesorgt?						
Summe der Leistungen:	**2065 DM**	**3098 DM**	**3827 DM**			
Kapitalzahlung bei Tod/Alter:						
Wieviel Geld benötige ich?	4000 DM	4000 DM	7000 DM			
Versorgungslücke	**1935 DM**	**902 DM**	**3173 DM**			
Dieser „Yuppi“ benötigt nur eine Risiko-Berufsunfähigkeitsversicherung. Sie muß auch den Sparanteil von 1500 DM abdecken, die er für die Immobilie und sein Investmentsparen ausgibt.						

Hier ist Ziel, durch entsprechende Vermögensbildung das Ende der beruflichen Tätigkeit möglichst früh zu erreichen, um dann ein sorgenfreies Leben führen zu können. Es ist auch zu empfehlen, zum einen eine entsprechende Berufsunfähigkeitsversicherung abzuschließen, die aber auch gewährleistet, daß die monatlich zur Vermögensbildung aufgewandten Beträge abgesichert sind. Eine entsprechende Absicherung könnte über eine selbständige Berufsunfähigkeitsversicherung erfolgen.

Herrn/Frau
Mustermann

Vers. Person:	Mustermann
Vers.beginn:	12.1996
Geburtsdatum:	1.6.1964
Eintrittsalter:	32 Jahre
Vers.dauer:	28 Jahre

Unser Vorschlag für Ihre Berufsunfähigkeits-Versorgung
Selbständige Berufsunfähigkeitsversicherung

Ihr Zahlbeitrag
Ihr Monatsbeitrag beläuft sich auf DM 116,40

Der Zahlbeitrag ergibt sich durch Abzug der Überschußanteile vom Bruttobeitrag in Höhe von DM 155,20
Die Überschußanteile können nicht für die gesamte Beitragsdauer garantiert werden.

Der Beitrag ist unter den Voraussetzungen des § 10 EStG im Rahmen der Höchstgrenzen steuerbegünstigt.

Versorgung bei Berufsunfähigkeit (BU)
Es sind für die Dauer der Berufsunfähigkeitsversicherung (28 Jahre) bei einer Berufsunfähigkeit von mindestens 50 % keine weiteren Beiträge mehr zu zahlen.
Zudem gibt es die Berufsunfähigkeitsrente von monatlich DM 3 500,00
Bei Berufsunfähigkeit infolge Pflegebedürftigkeit wird die BU-Rente gemäß der Pflegestufe gewährt (Pflegestufe III = 100 %, II = 70 %, I = 40 %). Bei vereinbarter BU-Staffelung von 25 % (bzw. 33 ⅓ %) wird die Rente bis 75 % (bzw. 66 ⅔ %) entsprechend dem Grad der Berufsunfähigkeit garantiert. Laufende BU-Renten werden ab dem 2. Rentenjahr jährlich um 3 % der Vorjahresrente erhöht.

Zur Vermögensbildung und aus steuerlichen Gründen wird eine Eigentumswohnung erworben. Eigenkapital wird erbracht in Höhe von DM 15 000,00, Kaufpreis und Kosten belaufen sich insgesamt auf DM 353 889,00. Nachfolgend eine beispielhafte Gegenüberstellung von Zahlungen für Zins und Tilgung, von Mieteinnahmen sowie die Berechnung der steuerlichen Vorteile.

Baufinanzierung

Baukosten/Kaufpreis	DM 320 000	Gesamtgestehungskosten	DM 353 889
davon Grundstück	DM 45 000	./. Eigenkapital/-leistung	DM 15 000
Renovierungskosten	DM 0	./. BSV-Guthaben	DM 0
Disagio/Gebühren	DM 33 889		
Gesamtgestehungskosten	DM 353 889	Finanzierungsbedarf	DM 338 889

Finanzierungsplan

Darlehen	Brutto-betrag	Ausz. kurs %	Netto-betrag	Nominal-zins %	Til-gung %	Fest-schr. J.	Lauf-zeit J.
Annuitätendarlehen	338 889	90,00	305 000	5,30	2,20	10	23

Den effektiven Jahreszins der Darlehen Ihrer Finanzierung von Banken, Bausparkassen, Sparkassen etc. erhalten Sie auf Anfrage beim jeweiligen Finanzierungsinstitut.

Berechnungsgrundlagen

Darlehen	Gebühren in % lfd./einm.	Zins-termine	Tilgungs-verrechnung	Ratenhöhe DM (ohne Lebens-versicherung)
Annuitätendarlehen	0,0/0,0	¼jährlich vorschüssig	¼jährlich	6 352 ¼jährlich

Bis zur Zusage durch das Finanzierungsinstitut sind die Konditionen dieses Finanzierungsvorschlages als unverbindlich und freibleibend zu verstehen. Nach Ablauf der Zinsfestschreibungszeit wird der marktübliche Zinssatz erhoben, Änderungen bleiben deshalb vorbehalten. In der Berechnung wurde dagegen die Gültigkeit des anfänglichen Nominalzinssatzes unterstellt.

Aufwandsberechnung (Berechnungsbeginn: 1.6.97)

Jahr	Zinsen und Gebühren	Tilgungsleistung	Lebensversicherungsbeiträge	Gesamtbruttoaufwand		Mieteinnahmen	Steuervorteile*	Nettoaufwand	
				Jahr	Monat			Jahr	Monat
1	10329	4493	–	14822	2117	5390	19350	–9918	–1417
2	17462	7948	–	25410	2118	9420	8960	7030	586
3	17027	8383	–	25410	2118	9612	8734	7064	589
4	16566	8843	–	25409	2117	9804	8487	7118	593
5	16082	9327	–	25409	2117	9996	8218	7195	600
6	15570	9839	–	25409	2117	10200	7947	7262	605
7	15031	10378	–	25409	2117	10404	7655	7350	613
8	14463	10946	–	25409	2117	10608	7359	7442	620
9	13864	11546	–	25410	2118	10824	4247	10339	862
10	13229	12180	–	25409	2117	11040	3908	10461	872
11	12563	12847	–	25410	2118	11256	3526	10628	886
12	11859	13550	–	25409	2117	11484	3139	10786	899
13	11116	14294	–	25410	2118	11712	2726	10972	914
14	10333	15077	–	25410	2118	11952	2286	11172	931
15	9506	15903	–	25409	2117	12192	333	12884	1074
16	8636	16775	–	25411	2118	12432	–170	13149	1096
17	7715	17694	–	25409	2117	12684	–702	13427	1119
18	6746	18663	–	25409	2117	12936	–11238	13711	1143
19	5723	19686	–	25409	2117	13200	–1829	14038	1170
20	4645	20765	–	25410	2118	13464	–2447	14393	1199
21	3507	21902	–	25409	2117	13728	–3100	14781	1232
22	2306	23104	–	25410	2118	14004	–3781	15187	1266
23	1040	24370	–	25410	2118	14280	–4522	15652	1304
24	209	10378	–	10587	2117	6070	–1091	5608	1122
Gesamt	245527	338891	–	584418		268692	77995	237731	

*ohne Kirchensteuer/Solidaritätszuschlag

Entsprechend Ihren Angaben wurde eine jährliche Mietsteigerung von 2,00 % berücksichtigt. Die Aufwandsberechnung zeigt die jährliche und monatliche durchschnittliche Belastung. Bei abweichenden Fälligkeitsterminen können bei den einzelnen Salden Verschiebungen eintreten.

Unser gutverdienender Single hätte auch noch Mittel zur Verfügung, die er in einen Wertpapierfonds einzahlen könnte. Wenn er monatlich DM 900,00 einzahlen würde, ergäben sich beispielsweise bei 5 % bzw. 6 % folgende Endwerte:

Vermögensaufbau mit regelmäßigen Einzahlungen

Wertentwicklung p. a.	5,00 %	6,00 %
Ansparrate monatlich	900,00 DM	900,00 DM
Ansparzeitraum	22 Jahre	22 Jahre
Ansparergebnis	410 611,09 DM	465 126,83 DM

Grundversorgung durch Versicherungen

Was Sie bedenken müssen, wenn Sie Altersvorsorge durch Abschluß von Berufsunfähigkeits- und Lebensversicherungsverträgen betreiben, entnehmen Sie den folgenden Hinweisen.

a) Berufsunfähigkeit	durch	Risikoberufsunfähigkeitsversicherung Berufsunfähigkeits-Zusatzversicherung
b) Altersrente	durch	Kapitallebensversicherung Leibrentenversicherung
c) Hinterbliebenen-versorgung	durch	Risikolebensversicherung Kapitallebensversicherung Kapitallebensversicherung auf zwei verbundene Leben

Was ist generell zu beachten?

Mehrere Angebote

Holen Sie immer mehrere Angebote ein. Vergleichen Sie. Stellen Sie solange Fragen, bis Ihnen alles klar ist. Lassen Sie sich nicht mit unklaren Antworten abspeisen.

Beratung

Klären Sie, ob es Ihnen genügt, sich Angebote schriftlicher Art von Direktversicherern einzuholen, oder ob Sie eine persönliche Beratung benötigen.

Haftung bei Beratung

Informieren Sie sich, welchen Status der Berater/Vertreter hat. Nur den Versicherungsmakler können Sie persönlich für Beratungsfehler haftbar machen. Fragen Sie ihn nach der Höhe seiner Vermögensschaden-Haftpflichtversicherung. Diese wird dann für den Schaden, den der Versicherungsmakler angerichtet hat, im Notfall bezahlen.

Grundsätzlich sollten Sie immer nur das versichern, was Sie für sich als Versicherungswert erkannt haben. Die Absicherung von für Sie nicht wichtigen Risiken kostet unnötiges Geld (was Ihnen dann für andere wichtigere Einsatzmöglichkeiten fehlt).

Sie bestimmen, was es zu versichern gilt. Alle Angebote, die Sie zum Vergleich anfordern, müssen Ihrem Bedarf – nicht mehr und nicht weniger – gerecht werden. Erst wenn die Leistungen und die Vertragsbedingungen wirklich vergleichbar sind, spielt der Preis eine Rolle!
Vergleichen Sie nie Äpfel mit Birnen!

Berufsunfähigkeitsversicherung
Wie lange will ich mich mit wieviel Rente versichern?
Wenn ich in dieser Zeit berufsunfähig werde, wie lange soll dann die Rente gezahlt werden?
Sollte sie durch eine zu versichernde Altersrente fortgeführt werden?
Was passiert, wenn die Berufsunfähigkeitsrente nicht mehr gezahlt wird?
Stehen dann andere Einkünfte als Ersatz zur Verfügung?
Reicht eine Risikoversicherung aus, oder sollte die Berufsunfähigkeitsabsicherung mit der Altersversorgung und/oder dem Todesfallschutz gekoppelt werden (Zusatzversicherung)?
Ab welchem Grad der Berufsunfähigkeit wird die Rente gezahlt?
Welche Gewinnverwendungssysteme stehen zur Verfügung?
Kann ich auf einen anderen Beruf verwiesen werden?
Welche Dynamikformen werden angeboten?

Altersrente
Wie hoch soll die monatliche/viertel-/halbjährliche Rente sein?
Ab wann wollen Sie darüber verfügen können (flexibler Ablauf)?
Soll zum Ablauf eine Kapitalzahlung mit Rentenwahlrecht (Kapitallebensversicherung) oder eine Rentenleistung mit Kapitalwahlrecht (Leibrentenversicherung) fällig werden?
Sollte, um das Sparziel sicherzustellen, im Falle der Berufsunfähigkeit die Beitragsfreiheit mitversichert werden, damit Ihre Einkünfte in diesem Falle nicht durch die Prämien für die Altersversorgung geschmälert werden?
Benötigen Sie auch einen Todesfallschutz, so könnte die Kapitallebensversicherung für Sie in Frage kommen oder eine Leibrentenversicherung mit Todesfallzusatz über eine gewisse Zeit.
Merke: Bei gleichem Eintrittsalter sind, wegen der höheren Lebenserwartung, die Prämien für Frauen bei Leibrenten teurer als die für Männer, jedoch bei Kapitallebensversicherungen billiger.
Sollte in eine Leibrentenversicherung eine Witwen-/Witwerrente eingeschlossen werden?
Welche Gewinnverwendungssysteme stehen zur Verfügung?

Hinterbliebenenversorgung
Wieviel Kapital sollte im Todesfall für die Hinterbliebenen zur Verfügung stehen?
Wieviel Schulden sind noch wann und wie lange zu zahlen (fallende Risikoversicherung)?
Wie lange sind welche Personen noch zu versorgen (Kinder, Partner, Schule, Studium, Ausbildung)?
Wie lang sollte ein Vertrag laufen?
Reicht eine preiswerte Risikoversicherung (Direktversicherer/Nichtraucherklausel) oder kann der Todesfallschutz in die Altersversorgung integriert werden (Kapital/Leibrentenversicherung)?
Ist es sinnvoll, eine Versicherung auf zwei verbundene Leben abzuschließen?

Haushaltsbudget und Versorgungsanalyse

Um Ihnen selbst die Möglichkeit zu geben, Ihr persönliches Haushaltsbudget (siehe S. 172/173) und Ihre Versorgungsanalyse zu erstellen, sind die entsprechenden Blankoformulare abgedruckt:

Versorgungsanalyse

	Berufsunfähigkeit	Erwerbsunfähigkeit	Altersrente	Hinterbliebenenrente	Kapital bei Tod	Kapitalzahlung im Alter von 65 J.
Was steht mir gesetzlich zu?						
Was steht mir arbeitsrechtlich zu?						
Habe ich schon privat vorgesorgt?						
Summe der Leistungen:						
Kapitalzahlung bei Tod/Alter:						
Wieviel Geld benötige ich?						
Versorgungslücke						

Einkünfte	Januar	Februar	März	April
Nettogehalt				
Kindergeld				
Kapitalerträge				
Mieterträge				
sonstige Einkünfte				
Summe der Einkünfte				
Ausgaben				
Kaltmiete der Wohnung				
Zins und Tilgung für die eigene Immobilie				
Ratenkredit				
Wasser				
Heizung				
Strom				
Müll				
Grundsteuer				
Radio/TV/Kabel				
Telefon				
Kfz-Finanzierung				
Kfz-Steuer				
Kfz-Haftpflichtversicherung				
Kfz-Kaskoversicherung				
Benzin				
Reparaturen/Wartung				
Busse/Bahnen				
Hausratversicherung				
Privathaftpflichtversicherung				
Rechtsschutzversicherung				
Unfallversicherung				
Krankenversicherung				
Lebensversicherung				
sonstige Versicherungen				
Vereinsbeiträge				
Spenden/Abos				
sonstige Ausgaben				
Vergnügungen				
Summe der Ausgaben				
Verbleibende Mittel				
Rücklage Kfz				
Rücklage Urlaub				
Rücklage Kleidung				
sonstige Rücklage				
Summe der Rücklagen				
Haushaltsgeld				
Frei verfügbares Geld				

Mai	Juni	Juli	August	September	Oktober	November	Dezember

Besonderheiten bei Vorsorge durch Immobilien

Orientierungshilfen beim Erwerb von Immobilien

Der Erwerb von Immobilien ist – wie bereits erwähnt – nicht ohne Risiko, eine Wertsteigerung kann nicht garantiert werden. Das Risiko läßt sich jedoch eingrenzen. Auch Banken und Versicherungsinstitute versuchen natürlich, das Risiko einer Darlehensvergabe möglichst gering zu halten. Deshalb haben diese Institute Vorgaben entwickelt, nach denen Darlehenszusagen erteilt werden:

Lage des Objekts

Gute Infrastruktur

Das Objekt muß sich in guter Lage an einem Ort befinden, der mehrmals täglich mit öffentlichen Verkehrsmitteln zu erreichen ist und eine gute Infrastruktur aufweist. Eine gute Infrastruktur ist gegeben, wenn Schulen, Ämter, Geschäfte des täglichen Bedarfs vorhanden sind und auch genügend Möglichkeiten zur Freizeitgestaltung angeboten werden. Also keine abgelegenen Dörfer oder dorfähnliche Ortsteile in Städten.

Bauqualität

Fachmännische Errichtung bzw. Zustand

Die Errichtung des Gebäudes muß unter fachmännischer Bauleitung erfolgen. Gebrauchtimmobilien müssen sich in einem guten Zustand befinden oder ihn nach Abschluß von Renovierungs- bzw. Sanierungsmaßnahmen erreichen können. Die Elektro- und Sanitärinstallation, Heizung und Fenster müssen modernen Ansprüchen genügen. Die Instandhaltung durch Hausmeister, Verwaltung u. a. muß gewährleistet sein.

Wohnqualität

Grundriß und Raumgröße

Die Immobilie muß eine angemessene Ausstattung, einen zweckmäßigen Grundriß und ausreichende Zimmergröße aufweisen: das Wohnzimmer nicht kleiner als 20 Quadratmeter, das Schlafzimmer nicht kleiner als 14 Quadratmeter und das Kinderzimmer nicht kleiner als 10 Quadratmeter. Alle Räume sollten von einer Diele aus direkt erreichbar sein.

Vermietbarkeit

Bei fremdgenutzten Immobilien müssen die Mieten marktgerecht und langfristig erzielbar sein.

Wer eine Eigentumswohnung erwerben will, sollte darauf achten, daß die Eigentümergemeinschaft nicht zu groß ist, also zweckmäßigerweise 20 Wohneinheiten nicht überschreitet.

Wie hoch ist das Wohngeld, wieviel muß ich davon selber tragen?

Gewerblich nutzbare Objekte

Sollten Sie die Beteiligung an einem Geschäftshaus/Verwaltungsgebäude ins Auge fassen, achten Sie darauf, daß die Lage attraktiv ist: möglichst Citylage in Groß- und Mittelstädten ab 25 000 Einwohner.

Damit Sie bei Ihrer Entscheidung und Investition nichts übersehen, sollten Sie folgende Details gründlich prüfen.

Checkliste zum Immobilienerwerb

Bewertung des Objekts	Voraussetzung erfüllt Ja	Nein
1. Lage	❑	❑
2. Bauqualität	❑	❑
3. Ausstattung	❑	❑
4. Vermietbarkeit	❑	❑

Finanzbedarf	DM-Betrag
1. Kaufpreis	______
2. Grunderwerbsteuer 3,5 %	______
3. Bearbeitungskosten	______
4. Notar- und Grundbuchkosten	______
5. Maklerprovision	______
6. Renovierungs- und Umbaukosten	______
Summe	______

Kontrollfragen zur Finanzierung

Eigen- und Fremdkapital

1. Eigenkapital. Wie hoch ist der Anteil: 20 %, besser 30 %? Kann er durch den Verkauf von Vermögenswerten, wie z. B. Wertpapiere, erhöht werden?
2. Darlehen. Liegen mehrere Angebote vor? Hat sie ein Fachmann geprüft? Wie hoch ist die Restschuld nach Ablauf der Zinsbindung? Wie hoch ist die monatliche Belastung?

Monatliche Belastung

3. Wie hoch ist die monatliche Belastung inklusive Nebenkosten?
4. Sind die steuerlichen Vorteile sicher? Ist also mit gleichbleibendem Einkommen zu rechnen bei gleicher Steuerlast?

Risiken und Chancen bei Wertpapieren, Sparbuch usw.

Bei der Anlage von Geldern in Wertpapieren, bei Eröffnung von Festgeldkonten usw. sind Rendite, Sicherheit und Verfügbarkeit von entscheidender Bedeutung. Die Aufstellung verhilft Ihnen zu einer ersten Orientierung.

Wertpapiere – Sparbuch – Festgeld

Anlageform	Rendite	Sicherheit	Verfügbarkeit
Festgeld	äußerst gering	groß	feste Laufzeit
Sparbuch	äußerst gering	groß	frei, Kündigungsfrist möglich
Sparbrief	gering	groß	feste Laufzeit
Bundesschatzbriefe			
– Typ A	5,13 %	groß	Verkauf nach einem Jahr ohne
– Typ B	5,52 %	groß	Kursverlust möglich
Variabel verzinsliche Wertpapiere	ungewiß	hängt von Bonität des Schuldners ab	den Ausgabebedingungen entsprechend
Beteiligung an Fonds:			
– Immobilienfonds	in den letzten Jahren gut	abhängig vom Management	frei
– Aktienfonds	in den letzten Jahren gut	abhängig vom Management	frei
– Rentenfonds	befriedigend	groß	frei
– Spezialfonds	ungewiß	gering	frei

Hinweis: Wer sich für eine Anlage in Fonds interessiert, kann kostenlos eine Ergebnisliste erhalten für Fonds, in die monatlich einbezahlt werden kann. Anzufordern bei:
BVI (Bundesverband deutscher Investmentgesellschaften), Postfach 10 04 37, 60004 Frankfurt

Anhang

Anschriften: Träger der gesetzlichen Rentenversicherung

Versicherungsträger/Postanschrift	Hausanschrift/Telefon
LVA Baden 76122 Karlsruhe	Gartenstraße 105 76135 Karlsruhe Tel.: (07 21) 8 25-0
LVA Berlin 14047 Berlin	Messedamm 1 14057 Berlin Tel.: (0 30) 30 02-1
LVA Brandenburg Postfach 7 72 15207 Frankfurt (Oder)	Kosmonautensteig 16 15236 Frankfurt (Oder) Tel.: (03 35) 55 35-0
LVA Braunschweig 38091 Braunschweig	Kurt-Schumacher-Straße 20 38102 Braunschweig Tel.: (05 31) 70 06-0
LVA Freie und Hansestadt Hamburg Postfach 60 15 60 22215 Hamburg	Überseering 10 22297 Hamburg Tel.: (0 40) 63 81 0
LVA Hannover 30875 Laatzen	Lange Weihe 2 30880 Laatzen Tel.: (05 11) 8 29-1
LVA Hessen 60591 Frankfurt/Main	Städelstraße 28 60596 Frankfurt/Main Tel.: (0 69) 60 52-0
LVA Mecklenburg-Vorpommern Postfach 17 06 17007 Neubrandenburg	Neustrelitzer Straße 120 Block D 17033 Neubrandenburg Tel.: (03 95) 3 70-0

Versicherungsträger/Postanschrift	**Hausanschrift/Telefon**
LVA Niederbayern-Oberpfalz 84024 Landshut	Am Alten Viehmarkt 2 84028 Landshut Tel.: (08 71) 81-0
LVA Oberbayern 81729 München	Thomas-Dehler-Straße 3 81737 München Tel.: (0 89) 67 81-0
LVA Oberfranken und Mittelfranken 95440 Bayreuth	Wittelsbacherring 11 95444 Bayreuth Tel.: (09 21) 6 07-0
LVA Oldenburg-Bremen s. Hausanschrift	Huntestraße 11 26135 Oldenburg Tel.: (04 41) 2 33-1
LVA Rheinland-Pfalz 67340 Speyer	Eichendorffstraße 4–6 67346 Speyer Tel.: (0 62 32) 17-0
LVA Rheinprovinz 40194 Düsseldorf	Königsallee 71 40215 Düsseldorf Tel.: (02 11) 9 37-0
LVA für das Saarland 66108 Saarbrücken	Martin-Luther-Straße 2–4 66111 Saarbrücken Tel.: (06 81) 30 93-0
LVA Sachsen 04151 Leipzig	Georg-Schumann-Straße 146 04159 Leipzig Tel.: (03 41) 5 50 55
LVA Sachsen-Anhalt 06092 Halle	Paracelsusstraße 21 06114 Halle Tel.: (03 45) 51 00-0
LVA Schleswig-Holstein 23544 Lübeck	Kronsforder Allee 2–6 23560 Lübeck Tel.: (04 51) 4 85-0

Versicherungsträger/Postanschrift	Hausanschrift/Telefon
LVA Schwaben Postfach 10 00 70 86135 Augsburg	An der Blauen Kappe 18 86152 Augsburg Tel.: (08 21) 5 00-0
LVA Thüringen Postfach 2 21 99005 Erfurt	Kranichfelder Straße 3 99097 Erfurt Tel.: (03 61) 4 82-0
LVA Unterfranken 97064 Würzburg	Friedenstraße 12–14 97072 Würzburg Tel.: (09 31) 8 02-0
LVA Westfalen 48125 Münster	Gartenstraße 194 48147 Münster Tel.: (02 51) 2 38-0
LVA Württemberg 70429 Stuttgart	Adalbert-Stifter-Straße 105 70437 Stuttgart Tel.: (07 11) 8 48-1
Bundesweite Zuständigkeit:	
Bahnversicherungsanstalt s. Hausanschrift	Karlstraße 4–6 60329 Frankfurt/Main Tel.: (0 69) 2 65-1
Seekasse Postfach 11 04 89 20404 Hamburg	Reimerstwiete 2 20457 Hamburg Tel.: (0 40) 3 61 37-0
Bundesversicherungs- anstalt für Angestellte 10704 Berlin	Ruhrstraße 2 10709 Berlin Tel.: (0 30) 8 65-1
Bundesknappschaft 44781 Bochum	Pieperstraße 14–28 44789 Bochum Tel.: (02 34) 3 04-0

Auskunfts- und Beratungsstellen der BfA

(Stand: Januar 1996)
Es sollte vorher unbedingt ein Beratungstermin vereinbart werden. Besucher mit abgesprochenem Termin ersparen sich Wartezeiten.

PLZ/Ort	Straße	Telefon
86150 Augsburg	Bahnhofstraße 7	(08 21) 3 80 91
10709 Berlin	Fehrbelliner Platz 5	(0 30) 8 65-1
10179 Berlin	Wallstraße 9–13 (Am Spittelmarkt)	(0 30) 2 02 47-5
33602 Bielefeld	Bahnhofstraße 28	(05 21) 6 70 11
53111 Bonn	Poststraße 19–21	(02 28) 63 19 01
38100 Braunschweig	Auguststraße 12–13	(05 31) 4 60 27
28195 Bremen	Martinistraße 3	(04 21) 32 09 45
09130 Chemnitz	Körnerstraße 5–7	(03 71) 4 02 02 84
03048 Cottbus	Thiemstraße 130	(03 55) 4 77 05 01
44139 Dortmund	Florianstraße 1/ Am Kaiserhain	(02 31) 12 60 21
01307 Dresden	Fetscherstraße 34	(03 51) 4 41 61 22
40210 Düsseldorf	Graf-Adolf-Straße 35–37	(02 11) 37 01 45
99096 Erfurt	Blosenburgstraße 20	(03 61) 3 96 31
45127 Essen	Lindenallee 6–8, Eingang Kaiserhof Passage	(02 01) 23 72 17
60313 Frankfurt/Main	Stiftstraße 9–17	(0 69) 2 06 03
15230 Frankfurt (Oder)	Karl-Marx-Straße 2	(03 35) 2 32 67
79098 Freiburg i. Br.	Friedrichring 1	(07 61) 27 40 63
07545 Gera	Taubestraße 2, An der Himmelsleiter	(03 65) 7 10 12 26/ 7 10 12 27
35390 Gießen	Katharinengasse 1	(06 41) 1 20 91
06112 Halle	Delitzscher Straße 79	(03 45) 50 34 31
20354 Hamburg	Jungfernstieg 7	(0 40) 34 07 81
30149 Hannover	Georgstraße 38	(05 11) 32 76 01
76133 Karlsruhe	Kaiserstraße 215, Eingang Karlstraße	(07 21) 2 86 12
34117 Kassel	Wilhelmsstraße 6	(05 61) 1 63 05/06

PLZ/Ort	Straße	Telefon
24103 Kiel	Haßstraße 17/ Ecke Faulstraße	(04 31) 9 50 21
50672 Köln	Hohenzollernring 67–69 (Am Friesenplatz)	(02 21) 52 00 32
04105 Leipzig	Nordstraße 17	(03 41) 9 80 04 54
23552 Lübeck	Beckergrube 2	(04 51) 7 99 47-01
39108 Magdeburg	Olvenstedter Straße 10	(03 91) 7 38 25
55116 Mainz	Markt 19–29/Am Dom	(0 61 31) 23 46 37
68161 Mannheim	P 7, 16–17, Auf den Planken	(06 21) 2 79 87
80339 München	Gollierstraße 4/ Theresienhöhe	(0 89) 51 08 10
48151 Münster	Ludgeriplatz 12	(02 51) 53 10 81
17033 Neubrandenburg	Brodaer Straße 11	(03 95) 5 44 29 35
90402 Nürnberg	Kornmarkt 8	(09 11) 22 29 20
49074 Osnabrück	Große Straße 58–60	(05 41) 2 80 23
14473 Potsdam	Heinrich-Mann-Allee 103/ Haus 8	(03 31) 86 43 05
93047 Regensburg	Maximilianstraße 9	(09 41) 5 81 86
18057 Rostock	Doberaner Straße 10–12	(03 81) 45 57 00
66111 Saarbrücken	Großherzog-Friedrich- Straße 16–18	(06 81) 3 40 05
19053 Schwerin	Schmiedestraße 10–12	(03 85) 5 50 74 70
70173 Stuttgart	Königstraße 16	(07 11) 1 87 15
98527 Suhl	Marienstieg 3/ Ecke Rimbachstraße	(0 36 81) 7 86-0
89073 Ulm	Karlstraße 33 (Karlsbau)	(07 31) 96 73 5-0
97070 Würzburg	Schönbornstraße 4–6 Eingang Herzogenstraße	(09 31) 1 40 21

Örtliche Beratungs- und Geschäftsstellen der BfA

(Stand: Januar 1996)
Die örtlichen Beratungsstellen haben unterschiedliche Sprechzeiten.
Die telefonische Vereinbarung eines Beratungstermins wird empfohlen.

73430 Aalen
(0 73 61) 9 57 20

04600 Altenburg
(0 34 47) 31 35 06

09456 Annaberg-Buchholz
(0 37 33) 2 12 61

91522 Ansbach
(09 81) 1 50 05

08280 Aue
(0 37 71) 27 73 36

36251 Bad Hersfeld
(0 66 21) 6 30 66

97688 Bad Kissingen
(09 71) 14 64

55543 Bad Kreuznach
(06 71) 3 79 35

36433 Bad Salzungen
(0 36 95) 68 21 22

23795 Bad Segeberg
(0 45 51) 20 77

83646 Bad Tölz
(0 80 41) 60 89

72336 Balingen
(0 74 33) 70 48/49

96047 Bamberg
(09 51) 98 18 80

02625 Bautzen
(0 35 91) 4 24 26

95444 Bayreuth
(09 21) 28 83 28

88400 Biberach
(0 73 51) 15 65-0

06749 Bitterfeld
(0 34 93) 2 35 21

44791 Bochum
(02 34) 9 58 74 58

04552 Borna
(0 34 33) 20 50 34

14770 Brandenburg
(0 33 81) 30 48 08

29221 Celle
(0 51 41) 2 10 81

27474 Cuxhaven
(0 47 21) 3 80 77

64283 Darmstadt
(0 61 51) 2 03 22

06844 Dessau
(03 40) 2 21 00 26

32756 Detmold
(0 52 31) 9 70 80

04720 Döbeln
(0 34 31) 28 58

86609 Donauwörth
(09 06) 76-0

52349 Düren
(0 24 21) 9 56-0

47051 Duisburg
(02 03) 2 27 70

16225 Eberswalde-Finow
(03 34) 28 03 80

04838 Eilenburg
(0 34 23) 3 22 33/3 35 32

99817 Eisenach
(0 36 91) 21 41 45

15890 Eisenhüttenstadt
(0 33 64) 5 15 80

06295 Eisleben
(0 34 75) 65 42 96

26721 Emden
(0 49 21) 2 30 51

37269 Eschwege
(0 56 51) 3 17 70

03238 Finsterwalde
(0 35 31) 70 19 07

24939 Flensburg
(04 61) 14 40 20

09599 Freiberg
(0 37 31) 36 02 46

61169 Friedberg
(0 60 31) 1 20 12

15517 Fürstenwalde
(0 33 61) 30 33 57

36037 Fulda
(06 61) 28 80

82467 Garmisch-Partenkirchen
(0 88 21) 75 50

45894 Gelsenkirchen-Buer
(02 09) 3 60 20

02826 Görlitz
(0 35 81) 40 63 46

38640 Goslar
(0 53 21) 2 92 48

99867 Gotha
(0 36 21) 30 11 70

17489 Greifswald
(0 38 34) 89 85 51

04668 Grimma
(0 34 37) 91 02 65

03172 Guben
(0 35 61) 4 91 61

18273 Güstrow
(0 38 43) 68 51 78

33330 Gütersloh
(0 52 41) 87 07 00

58095 Hagen
(0 23 31) 3 83-0

38820 Halberstadt
(0 39 41) 2 31 12

31785 Hameln
(0 51 51) 20 10

59065 Hamm
(0 23 81) 2 70-0

69117 Heidelberg
(0 62 21) 5 34-0

89518 Heidenheim
(0 73 21) 9 87 50

74072 Heilbronn
(0 71 31) 6 23 90

31134 Hildesheim
(0 51 21) 15 08 19

37671 Höxter
(0 52 71) 30 34

95030 Hof
(0 92 81) 60 20

02977 Hoyerswerda
(0 35 71) 40 60 21

98693 Ilmenau
(0 36 77) 6 31 29

07743 Jena
(0 36 41) 5 64 93

67655 Kaiserslautern
(06 31) 9 24 15

01917 Kamenz
(0 35 78) 8 61 61

47475 Kamp-Lintfort
(0 28 42) 18 27

87435 Kempten
(08 31) 5 22 30-0

16866 Kyritz
(03 39 71) 6 16 21

49808 Lingen
(05 91) 42 41

02708 Löbau
(0 35 85) 86 22 54

79540 Lörrach
(0 76 21) 4 19-2 02

19288 Ludwigslust
(0 38 74) 2 31 13

15907 Lübben
(0 35 46) 18 14 59

21335 Lüneburg
(0 41 31) 4 50 95

17139 Malchin
(0 39 94) 22 23 70

35039 Marburg
(0 64 21) 4 01-1 02

01662 Meißen
(0 35 21) 45 86 49

41061 Mönchengladbach
(0 21 61) 8 19 60

47441 Moers
(0 28 41) 2 52 94

99974 Mühlhausen
(0 36 01) 44 60 18

16816 Neuruppin
(0 33 91) 65 01 88

17235 Neustrelitz
(0 39 81) 20 31 73

56564 Neuwied
(0 26 31) 2 90 61

99734 Nordhausen
(0 36 31) 42 11 48

26122 Oldenburg
(04 41) 2 48 90 16

33098 Paderborn
(0 52 51) 2 22 31

17309 Pasewalk
(0 39 73) 21 63 50

94032 Passau
(08 51) 5 30 90

31224 Peine
(0 51 71) 1 80 31

01796 Pirna
(0 35 01) 44 79 89

08523 Plauen
(0 37 41) 22 62 49

14712 Rathenow
(0 33 85) 50 99 84

88212 Ravensburg
(07 51) 36 22 80

45657 Recklinghausen
(0 23 61) 18 09-0

01587 Riesa
(0 35 25) 73 32 40

83022 Rosenheim
(0 80 31) 39 80

27356 Rotenburg/W.
(0 42 61) 30 28-29

07318 Saalfeld
(0 36 71) 53 12 52

38226 Salzgitter-Lebenstedt
(0 53 41) 40 52 31

29410 Salzwedel
(0 39 01) 6 96 53

06526 Sangerhausen
(0 34 64) 57 04 42

16303 Schwedt
(0 33 32) 51 47 17

97424 Schweinfurt
(0 97 21) 9 52 47

01968 Senftenberg
(0 35 73) 79 62 25

57074 Siegen
(02 71) 3 37 61

99610 Sömmerda
(0 36 34) 2 15 02

59494 Soest
(0 29 21) 37 20

96515 Sonneberg
(0 36 75) 80 95 83

39576 Stendal
(0 39 31) 49 12 90

18439 Stralsund
(0 38 31) 28 01 51

04860 Torgau
(0 34 21) 35 30

54290 Trier
(06 51) 4 72 26

42551 Velbert
(0 20 51) 49 04-00

92637 Weiden
(09 61) 4 81 10-0

99423 Weimar
(0 36 43) 55 71 78

06667 Weißenfels
(0 34 43) 30 54 68

38855 Wernigerode
(0 39 43) 60 10 29

23966 Wismar
(0 38 41) 61 58 88

06886 Wittenberg
(0 34 91) 40 42 99

54516 Wittlich
(0 65 71) 40 94

38440 Wolfsburg
(0 53 61) 18 30

42275 Wuppertal
(02 02) 59 40 52

06712 Zeitz
(0 34 41) 21 75 92

15806 Zossen
(0 33 77) 30 08 49

08056 Zwickau
(03 75) 29 52 26

Register

Bei mehreren Angaben verweisen **halbfette** Seitenzahlen auf eine ausführliche Erläuterung des Begriffs.

Im FALKEN Verlag sind zum Themenbereich „Geld und Vermögen“ noch andere Titel erschienen:
„Alles, was man über Vermögensbildung wissen muß“ (1445)
„Alles, was man über Investmentfonds wissen muß“ (1662)
„Alles, was man über Vermögensbildung mit Immobilien wissen muß“ (1712)

Dieses Buch wurde auf chlorfrei gebleichtem
und säurefreiem Papier gedruckt.

Die Deutsche Bibliothek – CIP-Einheitsaufnahme

Rehahn, Detlev:
Alles, was man über gesetzliche und private Altersvorsorge
wissen muss / Detlev Rehahn ; Helmut A. Reichel ; Winfried
Schöttler. – Niedernhausen/Ts. : FALKEN, 1997
ISBN 3-8068-1847-9
NE: Reichel, Helmut A.:; Schöttler, Winfried:

ISBN 3 8068 1847 9

© 1997 by FALKEN Verlag, 65527 Niedernhausen/Ts.
Die Verwertung der Texte und Bilder, auch auszugsweise, ist ohne Zustimmung des Verlags urheberrechtswidrig und strafbar. Dies gilt auch für Vervielfältigungen, Übersetzungen, Mikroverfilmung und für die Verarbeitung in elektronischen Systemen.
Abdruck des Formulars „Rentenantrag“ (Seite 32/33) mit freundlicher Genehmigung der Bundesversicherungsanstalt für Angestellte (BfA), Berlin

Umschlaggestaltung: Peter Udo Pinzer
Gestaltung: Horst Bachmann
Redaktion: Dr. Rainer Lorenz, Kassel
Koordination: Winfried Schindler
Titelbild: TONY STONE IMAGES/Ken Fischer, München

Die Ratschläge in diesem Buch sind von dem Autor und vom Verlag sorgfältig erwogen und geprüft, dennoch kann eine Garantie nicht übernommen werden. Eine Haftung des Autors bzw. des Verlags und seiner Beauftragten für Personen-, Sach- und Vermögensschäden ist ausgeschlossen.

Satz: Raasch & Partner GmbH, Neu-Isenburg
Druck: Bercker Graphischer Betrieb GmbH, Kevelaer

817 2635 4453 6271